DESINTOXICACIÓN DIGITAL

Una Guía para Minimizar el Uso o la Adicción a Redes Sociales, Videojuegos y Otros Tipos de Tecnología

ALPHONSO LINA

Índice

Introducción

Esta guía de acción consta de dos partes principales. La primera parte trata de la psicología que hay detrás de la adicción a la tecnología. La segunda parte aborda cómo hacer una desintoxicación digital.

Soy un firme creyente de que la mejor manera de resolver un problema de comportamiento es entenderlo completamente. Esto incluye la identificación de sus causas fundamentales, la apreciación de sus efectos a corto y largo plazo, y la comprensión de las muchas formas en que la superación del problema afectará a la vida del individuo.

En mi opinión, el enfoque erróneo es pasar por alto estos detalles y aplicar inmediatamente medidas draconianas destinadas a lograr un resultado concreto. Creo que es improductivo e inútil. Por ejemplo, exigir a un drogadicto que deje de consumir drogas nunca será eficaz como solución a largo plazo. Tampoco lo será esconder sus drogas, tirarlas por el retrete o quemarlas.

La compulsión al consumo persistirá. Y eso significa que la adicción resurgirá a la primera oportunidad. Por esa razón, creo que es imperativo entender todas las facetas de la adicción a la tecnología si esperamos vencerla.

Esta guía de acción se ha escrito con esa filosofía en mente. En primer lugar, definiremos la adicción a la tecnología para asegurarnos de que partimos del mismo punto. A continuación, analizaremos los objetos de obsesión más comunes entre los adictos a la tecnología. También hablaremos de los signos reveladores de la adicción, así como de los efectos secundarios que más probablemente disminuyen tu calidad de vida.

Hablaremos de las razones por las que tu adicción al teléfono o a Internet puede dominarte. Y hablaremos de cómo tomarse un año sabático de tecnología -es decir, hacer una desintoxicación digital- mejorará tu vida, tanto ahora como en el futuro.

En esta guía de acción he dedicado un espacio considerable a los puntos anteriores. Creo que son esenciales para el proceso de vencer tu adicción a la tecnología. Una vez que entiendas completamente el problema, estarás armado con la información que necesitas para superarlo. Empecemos...

¿Qué Es La Adicción A La Tecnología?

Dígame si esto le resulta familiar.

Te levantas por la mañana e inmediatamente coges el teléfono.

Comprueba si hay nuevos correos electrónicos y mensajes de texto a pesar de no tener ninguna urgencia en hacerlo.

Satisfecho de no haber perdido ningún mensaje importante, entras en Facebook. Compruebas si tus amigos han publicado alguna actualización mientras dormías.

Y luego vas a Twitter. Sigues a cientos de amigos, conocidos y famosos. Seguro que alguien ha publicado algo que merece la pena leer. Por desgracia, no lo han hecho.

. . .

Como no hay nada interesante en las redes sociales, visitas tus sitios web de noticias favoritos para enterarte de lo que pasa en el mundo. Después de todo, no quieres perderte los principales titulares del día.

Y así avanza la mañana. Desde que te levantas hasta que te tomas la primera taza de café, tu atención está dominada por la tecnología. Los mensajes de texto, los correos electrónicos, las redes sociales, los juegos, los titulares de las noticias, los blogs y los vídeos de YouTube te tienen cautivo en un puño.

Peor aún, el resto del día sigue el mismo curso. Tu teléfono vibra, indicando la llegada de un nuevo texto, y te ves incapaz de resistirte a revisarlo. Recibes una notificación en tu navegador de que ha llegado un nuevo correo electrónico e inmediatamente dejas todo para leerlo. Visitas Facebook, prometiéndote a ti mismo que sólo pasarás unos minutos, sólo para navegar sin rumbo durante una hora.

Si te sientes identificado con las circunstancias anteriores, tengo malas noticias. Es probable que seas adicto a la tecnología. La buena noticia es que puedes vencer la adicción y recuperar tu vida. Esta guía de acción te mostrará cómo hacerlo.

DEFINIENDO LA ADICCIÓN A LA TECNOLOGÍA

Todas las adicciones, desde la obsesión por el juego y las drogas hasta los videojuegos y la tecnología, se basan en la misma dinámica fundamental: la expectativa del cerebro de que realizar una actividad concreta producirá una recompensa. La recompensa puede no ser obvia para el adicto. De hecho, a veces es contraintuitiva, ya que supone un daño potencial. Pero el cerebro sigue interpretándolo como una experiencia positiva.

Por ejemplo, consideremos el juego. La mayoría de la gente asume que los individuos con adicción al juego se ven obligados a seguir jugando porque de vez en cuando ganan sus apuestas. El hombre en la mesa de blackjack se mantiene en su asiento porque ocasionalmente gana la mano del croupier. La mujer en la mesa de dados se queda porque gana su apuesta de línea de pase y algunas apuestas de lugar antes de que el tirador saque un siete.

En realidad, aunque el "subidón" de ganar es un factor de motivación para el jugador problemático, no es la principal recompensa, al menos no para el complejo sistema de recompensa del cerebro. El estímulo gratificante -lo que impulsa a los jugadores a seguir jugando- es el riesgo que conlleva la actividad. Es decir, ganar una apuesta de 1 dólar en el blackjack produce poca satisfacción. Arriesgar 100 dólares en una sola mano es más gratificante.

Por desgracia, con el tiempo, los adictos necesitan mayores cantidades del estímulo gratificante para producir el mismo nivel de recompensa. El jugador patológico que empieza a alimentar su adicción con apuestas de 5 dólares acabará graduándose en apuestas de 100 dólares, y más si tiene los fondos para mantener su creciente hábito.

Cuanto mayor es el riesgo, más dopamina se libera en el cerebro y mayor es la sensación de satisfacción resultante.

· · ·

Consideremos esto en el contexto de una adicción a la tecnología. Funciona de la misma manera que un problema de juego. Te ves obligado a actuar por la expectativa del cerebro de una recompensa por hacerlo. Los investigadores no están seguros de qué es lo que el cerebro considera como estímulos gratificantes en la actividad. Pero los estudios demuestran que el acto de revisar los correos electrónicos, los mensajes de texto y las redes sociales libera dopamina de la misma manera que apostar grandes sumas en un casino.

La dopamina mantiene a la gente enganchada. La adicción a la tecnología tiene otro problema. Los investigadores han descubierto que los adictos a la tecnología son más propensos a alimentar su adicción porque los aparatos que la hacen posible están en todas partes. Siempre están al alcance de la mano.

Casi todo el mundo tiene un teléfono inteligente (Pew Internet descubrió que el 68% de los adultos de EE.UU. tenía al menos uno). La posesión de tabletas es casi igual de frecuente: el 45% de los adultos estadounidenses tiene una. Y, por supuesto, los ordenadores portátiles y de sobremesa son tan comunes como la suciedad. Las herramientas necesarias para alimentar su adicción a la tecnología son omnipresentes. Son ineludibles.

¿Y el resultado? La compulsión de revisar el correo electrónico y los mensajes de texto es difícil de resistir. El impulso de revisar las redes sociales es irreprimible.

El impulso de comprobar el buzón de voz, buscar los últimos titulares de las noticias y visitar tus blogs y foros favoritos es abrumador.

· · ·

Estas son las razones por las que es tan fácil desarrollar una adicción a la tecnología. En primer lugar, tienes las herramientas necesarias a tu disposición las 24 horas del día.

Segundo, cada vez que las usas, estimulas el sistema de recompensa de tu cerebro. Una y otra vez.

En estas circunstancias, la dependencia y la adicción son conclusiones prácticamente inevitables.

"DROGAS" COMUNES PARA EL ADICTO A LA TECNOLOGÍA

La tecnología abarca una gran variedad de dispositivos y plataformas. Desde los teléfonos inteligentes, las tabletas y las consolas de videojuegos hasta las redes sociales, los medios de comunicación y el correo electrónico. Merece la pena abordar cómo cada uno de ellos puede convertirse poco a poco en una obsesión. De este modo, podrás reconocer mejor si tienes un problema.

(Hablaremos de los signos reveladores de la adicción en el próximo capítulo).

Teléfonos inteligentes

Cuando se trata de dispositivos relacionados con la tecnología, éste es el más importante. Los teléfonos inteligentes se han convertido en algo tan omnipresente en nuestra sociedad que la mayoría de nosotros lleva uno. El problema es que su uso estimula el centro de recompensa del cerebro de una manera que fomenta la dependencia. Esta dependencia prepara el terreno para la aparición de una adicción en toda regla.

Nuestros teléfonos son herramientas de compulsión. Recibimos un mensaje de texto y al instante lo leemos y respondemos. Recibimos una llamada telefónica y la respondemos inmediatamente. Entre los mensajes y las llamadas, comprobamos neuróticamente si hay nuevas publicaciones en Facebook y nuevos tuits en Twitter. Cuando terminamos con las redes sociales, revisamos nuestro correo electrónico, buscamos los titulares de las noticias y vemos vídeos en YouTube.

En resumen, somos adictos.

Probablemente hayas visto a gente sentada en restaurantes mirando sus teléfonos en lugar de interactuar con los demás.

Quizá tú seas uno de ellos.

No te castigues por ello. La adicción a los teléfonos inteligentes es sorprendentemente común.

Y lo que es peor, es fácil de desarrollar. En esta guía de acción te voy a enseñar cómo romper el hábito.

Tabletas

. . .

Las tabletas como el iPad, el Google Pixel y el Samsung Galaxy Tab se están volviendo casi tan frecuentes como los smartphones. Más personas que nunca están llevando estos dispositivos dondequiera que vayan (además de sus teléfonos). Los utilizan para conectarse a Internet, consultar el correo electrónico, ver vídeos, responder a mensajes de texto y buscar noticias y otros contenidos "importantes".

Eso suena bien al principio. Después de todo, ¿a quién no le gustaría tener la posibilidad de obtener información, conectarse con amigos y seres queridos, y disfrutar de una variedad de entretenimiento en un momento?

Por supuesto, el problema es que es fácil hacerse adicto. Es como comer chocolate. Un trozo de vez en cuando puede ser un capricho maravilloso. Pero es fácil abusar, desarrollar una dependencia y formar una adicción.

Ordenadores

Normalmente pensamos en los ordenadores como herramientas que nos ayudan a hacer cosas. Por ejemplo, algunos de nosotros creamos hojas de cálculo para nuestros trabajos.

Otros desarrollan software o aplicaciones. Y otros los utilizan principalmente como procesadores de texto. De hecho, en este momento estoy escribiendo esta guía de acción en mi portátil.

Además de ser una herramienta de productividad, los ordenadores son herramientas de confort. Cuando estamos estresados, los utilizamos para relajarnos (por ejemplo, jugando al solitario). Cuando estamos aburridos, los utilizamos para entretenernos (por ejemplo, ver vídeos de YouTube). Cuando estamos procrastinando, los usamos para distraer nuestra atención (por ejemplo, consultar Facebook).

Con el tiempo, nuestros ordenadores pueden convertirse en muletas. Empezamos a confiar en ellos para que nos den una sensación de plenitud cada vez que nos sentimos ansiosos, aburridos o deprimidos. Es entonces cuando corremos el riesgo de permitir que se conviertan en una compulsión.

Internet

Pasamos mucho tiempo en Internet. Los investigadores informan de que nuestro consumo de medios online se duplicó entre 2010 y 2015.

Y es poco probable que esa tendencia cambie pronto.

Como probablemente sepas por experiencia, gran parte del tiempo que pasamos en Internet se pierde. Cuando estamos en Internet, no siempre estamos investigando cosas para nuestro trabajo o haciendo avanzar proyectos. En cambio, estamos revisando nuestro correo electrónico cada 20 minutos, viendo vídeos de YouTube y navegando por las redes sociales. Jugamos, leemos sobre la actualidad y visitamos nuestros foros favoritos.

· · ·

Estas actividades parecen inofensivas a primera vista. Pero la rápida y fácil accesibilidad de Internet, junto con el subidón de dopamina que la gente experimenta cuando se conecta, las hace peligrosas. Se convierten en hábitos, que pueden llevar a la compulsión, la dependencia y la adicción.

La adicción a Internet es una preocupación creciente entre psicólogos y psiquiatras. El número de casos diagnosticados crece cada año. De hecho, muchos expertos creen que esta afección debería añadirse al Manual Diagnóstico y Estadístico de los Trastornos Mentales.

Videojuegos

Los juegos han sido una de las principales obsesiones de los jóvenes en los últimos 20 años. Hace tiempo, se necesitaba una consola doméstica dedicada, como la Atari 2600, la Super Nintendo, la X-Box o la PlayStation.

Hoy no es así. Hoy en día, la gente juega en sus teléfonos, a través de sus navegadores de Internet y en consolas portátiles como la Nintendo 3DS y la PlayStation Vita. Hay más oportunidades de jugar y, por tanto, más oportunidades de desarrollar una obsesión.

Yo puedo identificarme con esto. Solía pasar horas todas las noches jugando a los videojuegos. Hacerlo me hacía sentir bien. Era una forma de escapar del estrés del día. Pero, en retrospectiva, era una forma terrible de pasar el tiempo, ya que no producía ningún beneficio tangible y duradero. No tengo nada que mostrar por el tiempo que pasé jugando.

. . .

La compulsión por los videojuegos puede llegar a consumirlo todo. Algunos adictos están tan obsesionados que usan pañales para adultos para poder jugar sin interrupciones. Me alegra decir que mi adicción a los juegos nunca llegó a ese punto.

Pero esto revela lo grave que puede llegar a ser esta obsesión en algunas personas.

Redes sociales

Las redes sociales son posiblemente una de las "drogas" más insidiosas que eligen los adictos a la tecnología. De la misma manera que los narcóticos ilícitos como la heroína están diseñados para ser adictivos, también lo están los sitios web de medios sociales como Facebook.

Los ingenieros que diseñaron estos sitios han hecho todo lo posible para asegurarse de que te sientas obligado a visitarlos una y otra vez.

¿Alguna vez has cogido el teléfono nada más levantarte por la mañana para comprobar las actualizaciones de Facebook? ¿Ha sacado alguna vez el teléfono en un restaurante para leer los últimos tweets de Twitter? ¿Has entrado en Pinterest, Instagram o Google Plus varias veces durante la jornada laboral, mirando por encima del hombro para asegurarte de que tu jefe no se da cuenta?

. . .

Si es así, puede que seas adicto a las redes sociales.

La buena noticia es que no estás solo. Millones de personas experimentan -y actúan- las mismas compulsiones cada día.

La mala noticia es que la obsesión por las redes sociales está produciendo, casi con toda seguridad, efectos secundarios poco saludables. Los científicos han descubierto que la exposición constante a sitios web como Facebook y Twitter puede alterar el cerebro, afectando a la capacidad de procesar las emociones.

También puede provocar inquietud, una imagen negativa de uno mismo, una disminución de la felicidad y, en casos extremos, depresión.

Y eso sin contar con el efecto negativo de la adicción a las redes sociales sobre la productividad y las relaciones.

Medios de comunicación

Las noticias pueden ser extremadamente adictivas. Todos queremos sentirnos informados sobre la actualidad. Queremos estar al tanto de lo que ocurre en el mundo.

Por desgracia, esa inclinación puede convertirse fácilmente en una obsesión debido al rápido ciclo de noticias de hoy en día.

. . .

Ya no tenemos que esperar al periódico de la mañana o a nuestro programa nocturno de noticias favorito en la televisión para enterarnos de los últimos titulares. En su lugar, podemos entrar en Internet y descubrir los últimos acontecimientos y sucesos minuto a minuto. Es una forma de nirvana para el adicto a las noticias.

Hablo por experiencia. Hubo una época de mi vida en la que era adicto a los titulares. Mientras estaba sentado en mi oficina, visitaba la CNN, el New York Times y el Drudge Report cada cinco minutos. Tenía que saber lo que ocurría en el mundo en todo momento. Pueden imaginar el resultado. La distracción constante me impedía hacer nada.

El continuo bombardeo de titulares actualizados se ve agravado por los intentos de los sitios de medios de comunicación de atraer la atención. Cuanto más tráfico reciben, más anuncios pueden mostrar. Eso se traduce en mayores ingresos. Así que encabezan con la tragedia y hacen que cada titular parezca importante.

Los psicólogos dicen que nuestros cerebros se alimentan de desencadenantes negativos. Estamos programados para ello.

La negatividad nos hace sentir miedo y estrés, alimentando nuestro deseo de "noticias" y creando finalmente una obsesión.

Sitios web como CNN.com y NYTimes.com son conscientes de esta respuesta cognitiva. La aprovechan en su beneficio.

. . .

Correo electrónico

¿Compruebas tu correo electrónico más de una vez por hora? O peor aún, ¿Dejas una pestaña del navegador abierta para poder ver los nuevos correos electrónicos a medida que van llegando? ¿Coges el teléfono cada vez que recibes una notificación de que alguien te ha enviado un correo electrónico? Si es así, no está solo.

Millones de personas se ven obligadas a consultar su correo electrónico docenas de veces al día. Es un impulso seductor. Revisar el correo electrónico estimula los centros de recompensa del cerebro. La estimulación desencadena la liberación de dopamina, que les produce placer.

Es el mismo proceso que alimenta la adicción a las drogas ilícitas. No es de extrañar que tanta gente sea adicta al correo electrónico.

Según un médico del Centro de Estudios de Internet, hay aproximadamente 11 millones de "adictos al correo electrónico". Estos individuos pueden asistir regularmente a los partidos de béisbol de sus hijos, a los recitales de piano y a otras funciones. Puede que tengan citas semanales con sus cónyuges. Puede que incluso se vayan de vacaciones un par de veces al año.

Pero, estén donde estén, siempre tienen la mente puesta en su correo electrónico.

Nuestra obsesión por el correo electrónico es tan común como nuestra obsesión por las redes sociales. Parte del problema es que poseemos las herramientas (nuestros teléfonos) para comprobar si hay nuevos mensajes siempre que lo deseamos.

De hecho, podemos programar nuestros teléfonos para que nos notifiquen el momento en que llegan nuevos mensajes.

Estas notificaciones, combinadas con nuestra incapacidad para ignorarlas y nuestra falta de voluntad para apagarlas, garantizan nuestra continua adicción.

Blogs y foros

Los blogs y los foros son peligrosos para los procrastinadores habituales.

Pueden convertirse fácilmente en una fuente constante de distracción, al igual que las redes sociales y el correo electrónico. Por ello, se encuentran entre los asesinos de la productividad más comunes.

Pensemos en los blogs. Los leemos porque nos parecen interesantes o entretenidos, o ambas cosas. Algunos blogs son tan populares que cada entrada atrae docenas, y a veces cientos, de comentarios. Los mismos comentaristas aparecen una y otra vez, formando minicomunidades en las que todos se conocen.

Los foros satisfacen muchas de las mismas necesidades.

. . .

Algunos los frecuentamos para estar al tanto de las últimas novedades en nuestros campos de experiencia o áreas de interés. A veces, los visitamos por su valor de entretenimiento.

Independientemente de nuestro propósito, la mayoría de nosotros disfruta interactuando con personas que comparten nuestros intereses. Los foros son comunidades en línea llenas de personas con ideas afines.

El peligro es que estas comunidades, que se encuentran tanto en los blogs como en los foros, pueden servir como distracciones que obstaculizan nuestra productividad.

Si estamos trabajando en una tarea o proyecto que es difícil o poco atractivo, es más probable que sucumbamos a la distracción. Eso nos impide hacer las cosas.

Y lo que es peor, cuanto más a menudo lo hacemos, más se convierte en un hábito. Y ése es el primer paso hacia la adicción.

Algunas personas pasan varias horas al día en los foros. Lo sé por experiencia propia porque yo solía ser uno de ellos.

YouTube

Los vídeos forman parte de la experiencia online tanto como las redes sociales y el correo electrónico. Según el Pew Research Center, siete de cada diez adultos han utilizado YouTube o Vimeo en algún momento. Más del 30% ha publicado vídeos en línea.

. . .

Mucha gente visita YouTube para aprender nuevas habilidades. Por ejemplo, he perdido la cuenta del número de vídeos de cocina que he visto a lo largo de los años. Otros lo hacen para entretenerse; ven vídeos musicales, vídeos de gatos y clips de los "fallos" más divertidos de la semana. El problema es que puede convertirse en un hábito por tres razones.

En primer lugar, la mayoría de los vídeos son relativamente cortos (menos de 10 minutos), lo que da la impresión de que verlos no requiere mucho tiempo. Por supuesto, pocas personas ven un solo vídeo; ven varios seguidos.

En segundo lugar, YouTube anima a los usuarios a compartir sus vídeos favoritos con sus amigos. Este aspecto social es lo que hace que sitios web como Facebook y Twitter sean tan adictivos.

En tercer lugar, todos los días se sube una avalancha de nuevos contenidos. Según Pew Research, cada minuto se suben 100 horas de vídeo a YouTube. Siempre hay algo nuevo que ver.

Como podemos acceder a YouTube a través de nuestros teléfonos, el contenido informativo y educativo está siempre al alcance de nuestra mano. Podemos buscar y reproducir un sinfín de vídeos a nuestro antojo.

Eso es peligroso. Es fácil malgastar incontables horas que, de otro modo, se podrían dedicar a algo más gratificante. De nuevo, hablo por experiencia.

· · ·

Cambiemos de marcha y hablemos de los signos más comunes de la adicción a la tecnología. Si te sientes identificado con alguno de los descritos en el siguiente capítulo, es hora de hacer una desintoxicación digital.

2

10 Señales De Que Puedes Ser Adicto A La Tecnología

LA ADICCIÓN DEJA PISTAS. Se manifiesta de formas que son fáciles de reconocer si sabes qué buscar. Muchas pistas varían según la herramienta que alimenta tu adicción. Por ejemplo, si eres adicto a tu smartphone, notarás síntomas diferentes a los que experimenta un adicto a los videojuegos.

Dicho esto, algunos signos de adicción a la tecnología son similares en todos los casos. Un ejemplo es la inquietud, un rasgo común que se presenta en las personas que se ven obligadas a prescindir de sus "drogas" de elección durante períodos prolongados.

A continuación, conocerás los diez signos más comunes de la obsesión por la tecnología. Si reconoces uno o dos en tu vida, no significa necesariamente que tengas una adicción. Pero si experimentas varios de forma regular, es hora de hacer una desintoxicación digital.

. . .

#1 - Siempre que suena o zumba el teléfono, lo coges de forma instintiva.

Una cosa es esperar una llamada o un correo electrónico importante y consultar el teléfono por un sentimiento de verdadera urgencia. Otra cosa es coger compulsivamente el teléfono cada vez que vibra o emite un sonido. Esta reacción sugiere que has desarrollado un hábito. Estás respondiendo automáticamente a un desencadenante, como los perros salivadores de Pavlov.

#2 - Te pones ansioso si no compruebas tu teléfono después de recibir una alerta.

Imagina que estás manteniendo una conversación con un amigo. Tu teléfono, escondido en el bolsillo, vibra con una notificación de un mensaje entrante. No sabes si has recibido un mensaje de texto, un correo electrónico o una llamada telefónica. Incluso puede ser una alerta trivial de una de tus aplicaciones.

¿Sientes una punzada de angustia si no puedes consultar tu teléfono? ¿La sensación se intensifica hasta que por fin puedes hacerlo? O lo que es peor, ¿te encuentras mirando constantemente el teléfono durante la conversación por la mínima posibilidad de que hayas perdido un correo electrónico, un mensaje o una llamada?

Esta propensión apunta a una compulsión. Cuanto más tiempo se le impida consultar el teléfono, más ansiedad sentirá.

#3 - Experimentas síntomas de abstinencia si no puedes conectarte.

La adicción a Internet es real. Millones de personas la padecen. Y cuando se les impide conectarse, experimentan síntomas de abstinencia que son como los que sufren los drogadictos.

Un estudio realizado en 2013 en el Reino Unido descubrió que los "altos usuarios de Internet" se volvían más malhumorados y deprimidos que los "bajos usuarios de Internet" cuando se les obligaba a dejar de navegar por la red. Los investigadores informaron de que los voluntarios del estudio sufrieron un "bajón" similar al que se produce tras el consumo de drogas.

¿Te sientes irritable cuando no puedes conectarte a Internet?

¿Se pone a temblar cuando se ve obligado a soportar largos periodos sin acceso a Internet? ¿Se pone a la defensiva cuando la gente le pregunta por sus hábitos de navegación? ¿Su vida social se ha deteriorado a medida que pasa más tiempo conectado?

Si es así, es muy probable que seas adicto.

#4 - Llegas habitualmente tarde o no cumples tus compromisos por culpa de la tecnología.

La tecnología puede hacerte más puntual. Hay miles de aplicaciones disponibles para tu teléfono que te ayudarán a gestionar tu calendario y tus horarios. Hay miles de extensiones disponibles para su navegador de Internet con el mismo propósito.

· · ·

Pero estas herramientas ofrecen poca ayuda al adicto a la tecnología. Utilizarlas de forma productiva requiere diligencia y disciplina, rasgos que el adicto difícilmente puede mantener durante mucho tiempo. En cambio, la obsesión del adicto por su teléfono, Internet, los videojuegos, los titulares de las noticias, YouTube y las redes sociales afectan negativamente a su puntualidad. Le hacen llegar tarde, haciendo que los demás le consideren poco fiable.

¿Llegas a menudo tarde a la escuela, al trabajo o a las citas porque estás preocupado por tus aparatos? ¿Su fijación con el teléfono o con Internet le hace incumplir sus compromisos o, peor aún, no presentarse cuando los demás esperan que lo haga? Estos son signos de adicción.

#5 - Te sientes eufórico cuando revisas las redes sociales.

Ya conoces la sensación. Tienes un subidón, o un zumbido, cada vez que entras en Facebook para ver qué hacen tus amigos. Sientes una felicidad repentina, incluso excitación, cuando navegas por Twitter, Pinterest o Instagram.

El efecto se produce porque la dopamina inunda el circuito del placer del cerebro. De este modo, induce la euforia, una respuesta que se observa en casi todas las drogas adictivas.

Y, como puedes sospechar, a cada subidón le sigue un bajón. Una caída. Un bajón.

· · ·

¿Te sientes inexplicablemente feliz cuando te conectas a tus redes sociales favoritas? ¿Experimenta una sensación de bienestar en el momento en que visita sus páginas de Facebook o Twitter?

Si es así, el sistema de recompensa de tu cerebro está reaccionando de la misma manera que el de un adicto.

#6 - Te llevas el teléfono o la tableta al baño.

Una cosa es disfrutar de tener material de lectura disponible cuando la naturaleza llama. Pero eso es si piensas pasar al menos unos minutos respondiendo a la llamada. Si te llevas el teléfono o la tableta para hacer una parada de 30 segundos, probablemente estés obsesionado.

¿Coges el teléfono o la tableta cada vez que vas al baño? ¿Los usas cuando visitas los baños públicos, donde la mayoría de la gente tiende a apresurarse para terminar sus asuntos? ¿Te sientes decepcionado cuando te olvidas de llevar tu teléfono?

Si has respondido afirmativamente a alguna de las preguntas anteriores, eres un excelente candidato para una desintoxicación digital.

#7 - Sacrificas el sueño para pasar más tiempo conectado.

El sueño es una de las primeras cosas que perdemos cuando estamos ocupados. Esto es irónico, ya que dormir bien es la clave para funcionar bien. Si estás agotado, tu concentración y rendimiento se verán afectados, ya sea en la oficina, en la cancha de baloncesto o mientras mantienes una simple conversación con tu pareja.

. . .

La adicción a la tecnología perjudicará tu sueño. Pregúntate, ¿alguna vez te has quedado despierto hasta tarde para ver vídeos de YouTube en la cama? ¿Has enviado alguna vez mensajes de texto a tus amigos o has pasado tiempo en Facebook mucho después de saber que deberías haber apagado las luces? ¿Te has quedado despierto más allá de tu hora normal de acostarte jugando a los videojuegos?

Por supuesto, responder afirmativamente a cualquiera de las preguntas anteriores no significa automáticamente que seas un adicto a la tecnología. Todos lo hemos hecho. Y no todos somos verdaderos adictos. Pero si sacrificas regularmente el sueño para navegar por Internet, jugar a videojuegos o pasar el rato en las redes sociales, puede que sí seas un "tecnoadicto".

#8 - Ya no participas en actividades que antes disfrutabas.

Cuando tus amigos te llaman para quedar, ¿te sientes inclinado a decir "no" porque prefieres quedarte en casa y jugar con las aplicaciones de tu teléfono? ¿Ahora pasas en Facebook el tiempo que antes dedicabas a jugar al baloncesto, a aprender a tocar la guitarra o a salir con tus hijos? ¿Mandas mensajes de texto a tus amigos mientras ignoras a tu pareja, que está sentada a tu lado?

Estos son signos reveladores de la adicción a la tecnología. Estás obsesionado hasta el punto de que otras actividades tienen poco interés para ti. Con el tiempo, tus amigos se alejarán, tu familia se sentirá descuidada y tus antiguas aficiones quedarán prácticamente olvidadas.

. . .

Una desintoxicación digital te recordará las cosas importantes de tu vida que has estado sacrificando para alimentar tu adicción.

#9 - Tus habilidades sociales se han deteriorado hasta el punto de sentirte incómodo con los demás.

Los expertos afirman que Internet ha supuesto un coste social considerable. Ha reducido el tiempo que pasamos con nuestros amigos y seres queridos. En el proceso, ha cambiado la forma en que nos relacionamos con los demás. En muchos sentidos, ha mermado nuestra capacidad de comunicar ideas.

Estos efectos son más pronunciados para el adicto a Internet. Utiliza Internet como forma de evasión, minimizando los retos que acompañan a la interacción social. Cuanto más tiempo pasa en Internet, más disminuyen sus habilidades interpersonales. Se vuelve menos capaz de mantener el contacto visual y es más probable que murmure cuando habla con otros. Incluso puede evitar por completo la interacción cara a cara, prefiriendo el relativo anonimato de la interacción en línea.

Pregúntese si se siente cómodo en entornos sociales. ¿Puede mantener y disfrutar de una conversación atractiva con otra persona?

¿Es capaz de establecer conexiones con personas que están frente a usted? Si no es así, es hora de dejar el teléfono, apagar el ordenador y guardar la videoconsola. En resumen, es hora de una desintoxicación digital.

#10 - Los múltiples intentos de reducir el uso de la tecnología han fracasado.

La mayoría de nosotros tenemos vicios. Para algunos, es el

helado. Para otros, los puros. Otros tienen debilidad por el juego, las compras, el alcohol o las drogas ilícitas.

Estos vicios tienen algo en común: son extremadamente difíciles de dejar.

Piensa en la última vez que estuviste a dieta. Los alimentos poco saludables que antes disfrutaba probablemente eran una tentación constante. Es posible que incluso se haya caído del vagón varias veces, dándose el gusto de comer su postre favorito.

Lo mismo ocurre con todas las formas de adicción, incluida la obsesión por el teléfono, Internet y las redes sociales. Si alguna vez has tratado de reducir su uso, pero has sufrido múltiples recaídas, es probable que seas un adicto. Te enfrentas a un imperativo psicológico para actuar.

La buena noticia es que estás en el lugar correcto. Has decidido abordar el problema. En el próximo capítulo hablaremos de los efectos secundarios de la adicción a la tecnología.

Es importante apreciar cómo este tipo de obsesión afecta negativamente a tu vida para que sepas lo que está en juego.

3

Los 12 Principales Efectos Secundarios De La Adicción A La Tecnología

LA ADICCIÓN VIENE ACOMPAÑADA de estas consecuencias que van desde lo físico hasta lo psicológico. Dependiendo de su naturaleza y gravedad, hacen que la vida sea menos agradable.

Vale la pena subrayar que la tecnología tiene la capacidad de mejorar nuestras vidas. Puede impulsar nuestra productividad y aumentar nuestras consecuencias de eficacia. en todo lo que hacemos. Pero es sólo una herramienta. Y, como cualquier herramienta, puede causar estragos si se utiliza mal o de forma irreflexiva.

A continuación, los 12 efectos secundarios más comunes que se observan en los adictos a la tecnología. Por separado, estos efectos secundarios pueden parecer inofensivos. Pero, en conjunto, demuestran que un exceso continuado de tecnología puede producir resultados catastróficos.

#1 - Incapacidad de concentración

Las investigaciones han demostrado que nuestra capacidad de atención media es más corta que la de un pez de colores. En el año 2000, éramos capaces de concentrarnos durante 12 segundos. Hoy, nuestra atención se desvía después de ocho segundos.

Se puede decir que nuestros teléfonos, tabletas, ordenadores, consolas de videojuegos y redes sociales favoritas tienen parte de la culpa. Ofrecen estímulos en ráfagas cortas y potentes. También nos animan a hacer varias cosas a la vez. Ambas cosas merman nuestra capacidad de concentración.

Eso es para los no adictos. Las personas adictas a sus teléfonos y otros aparatos suelen tener una capacidad de atención aún más reducida. Son propensos a las distracciones y, por tanto, su capacidad de concentración se ve aún más afectada.

¿Alguna vez has tenido problemas para quedarte quieto mientras veías una película? ¿Has tenido dificultades para leer un libro durante más de 20 minutos? Es muy probable que tu obsesión por la tecnología -y la exposición continua a ella- sea la razón.

#2 - Calidad de sueño inconsistente

Mirar fijamente el teléfono, la tableta o el ordenador puede hacer que sea más difícil conciliar el sueño por la noche. Y, como hemos señalado antes, la falta de sueño reparador tendrá un impacto negativo en tu rendimiento y productividad.

Según investigadores de la Facultad de Medicina de Harvard, nuestros dispositivos perjudican nuestro sueño debido a la longitud de onda de la luz utilizada en las pantallas. La luz artificial, conocida como "luz azul", reduce la secreción de melatonina, una hormona que nos ayuda a conciliar el sueño.

Si tienes problemas para conciliar el sueño por la noche, el problema puede ser el uso constante del teléfono y otros aparatos. No estás solo. Millones de hombres y mujeres de todos los grupos de edad sufren el mismo efecto secundario.

#3 - Aumento del estrés

La tecnología nos ha puesto a disposición de los demás. Hace veinte años, la jornada laboral empezaba a las 8:00 y terminaba a las 17:00. Hoy recibimos mensajes de texto y correos electrónicos relacionados con el trabajo fuera de ese horario. Nos levantamos con mensajes de texto y nos acostamos respondiendo a correos electrónicos de trabajo. No es raro que los empleados se mantengan en contacto con sus jefes y compañeros de trabajo mientras están de vacaciones.

Este patrón conduce al estrés. La jornada laboral nunca termina realmente. Nunca podemos desconectar de nuestras responsabilidades laborales.

Además, nos sentimos obligados a responder inmediatamente a los mensajes de texto y a los correos electrónicos de nuestros amigos y familiares. La rapidez de nuestras respuestas se toma como una indicación de lo mucho que nos importa.

Nuestros dispositivos son herramientas que deberían mejorar nuestra vida. Pero para el adicto a la tecnología, pueden convertirse en una fuente constante de ansiedad.

. . .

#4 - Disminución de la vida social

La adicción a Internet, los videojuegos, los medios de comunicación y las redes sociales tiene un efecto negativo en la vida social del adicto. Deja de responder a las llamadas telefónicas de su familia. Rechaza las invitaciones para salir con sus amigos. En su lugar, se queda en casa, con los ojos pegados al ordenador, al teléfono y a los videojuegos.

En consecuencia, las relaciones del adicto a la tecnología comienzan a erosionarse. Las amistades empiezan a resquebrajarse. Sus seres queridos se sienten heridos o irritados por su falta de respuesta. Los repetidos intentos de conectar con él se vuelven menos frecuentes y acaban cesando por completo.

Un efecto secundario relacionado es que el adicto se vuelve menos capaz de relacionarse con los demás. Su obsesión por los aparatos y por Internet hace que sus habilidades interpersonales se deterioren.

Se olvida de cómo mantener conversaciones y establecer conexiones con las personas que conoce en la "vida real" (cara a cara).

Si se siente aislado y solo, la causa puede ser su obsesión por el teléfono y otros dispositivos.

#5 - Dolor de espalda y cuello

Visualice a alguien que está de pie con una buena postura. Su espalda está recta. Sus hombros están bien alineados. Su cabeza se mantiene recta, sin inclinarse ni hacia delante ni hacia los lados.

. . .

Ahora visualice a alguien que está de pie mientras mira su teléfono. Su espalda puede estar ligeramente encorvada. Pero el verdadero problema es la posición de su cabeza. Probablemente esté inclinada hacia delante en un ángulo de 45 grados.

Si ha estado mirando la pantalla durante varios minutos, su cabeza puede estar inclinada en un ángulo de 60 grados.

La cabeza de un adulto pesa aproximadamente 11 libras. Es una cantidad significativa de peso. Cuando está inclinada hacia delante, supone una tensión para la columna vertebral. Cuanto mayor es el grado de inclinación, más tensión debe tolerar la columna vertebral. Según los expertos en columna vertebral, una inclinación de la cabeza de 15 grados hacia delante ejerce 27 libras de presión sobre la columna vertebral. Una inclinación de 45 grados ejerce 49 libras de presión. Con una inclinación de 60 grados, la cabeza ejerce 60 libras de presión sobre la columna vertebral.

Muchas personas mantienen la cabeza en esa posición durante periodos prolongados mientras miran fijamente sus teléfonos.

¿El resultado? Rigidez crónica y dolor en la espalda, el cuello y los hombros.

#6 - Aumento de peso

Si has ganado peso recientemente, tu teléfono puede ser el culpable. O más exactamente, su obsesión por el teléfono. Eso es según los investigadores que, en 2013, encontraron que los estudiantes universitarios que pasaron un promedio de 14 horas al día en sus teléfonos estaban notablemente menos en forma que los estudiantes que pasaron un promedio de 90 minutos en sus teléfonos.

Los participantes en el estudio que fueron descritos como usuarios de "alta frecuencia" tendían a llevar una vida más sedentaria. Rara vez hacían ejercicio. Rara vez participaban en deportes. En su lugar, eran más propensos a estar en el sofá, pasando su tiempo navegando por Internet, viendo la televisión y jugando a los videojuegos. Los largos periodos de inactividad suelen provocar un aumento de peso y una mala salud. Si tienes sobrepeso o no eres saludable, tu teléfono, tableta u ordenador pueden ser los culpables.

#7 - Depresión

La adicción a la tecnología puede desencadenar sentimientos de depresión de un par de maneras. En primer lugar, como hemos señalado anteriormente, el adicto a la tecnología comienza a sentirse aislado a medida que pasa más y más tiempo en línea. Pasa menos tiempo cultivando relaciones significativas, lo que le deja con pocas conexiones interpersonales. Esta circunstancia prepara el terreno para una creciente sensación de infelicidad.

Si permanece en esta situación durante semanas, puede acabar experimentando sentimientos de tristeza, impotencia y desesperanza.

La segunda forma en que la obsesión por la tecnología puede causar depresión es el uso que el adicto hace de su teléfono. Cuando sus amigos y familiares no responden inmediatamente a sus mensajes y correos electrónicos, empieza a sentirse poco importante para ellos.

. . .

La investigación científica ha descubierto pruebas de este efecto. En 2015, un estudio publicado en el Journal of Medical Internet Research descubrió que el uso del teléfono estaba directamente relacionado con los síntomas depresivos. Además, la gravedad de los síntomas aumentaba con la extensión del uso de los participantes.

¿Te has sentido deprimido últimamente? Si es así, considere cuántas horas al día pasa en línea en comparación con cuántas horas pasa conectando cara a cara con amigos y seres queridos.

#8 - Problemas de visión

No es una coincidencia que muchas personas que pasan mucho tiempo frente a sus ordenadores lleven gafas. Mirar al ordenador todo el día provoca fatiga ocular. Algunos individuos incluso experimentan dolor, a menudo un síntoma de una enfermedad más amplia. El efecto se conoce como síndrome de visión de ordenador.

Los investigadores están divididos en cuanto a la causa de la fatiga. Algunos creen que es una forma de lesión por esfuerzo repetitivo. Los ojos se mueven de un lado a otro, hora tras hora, una actividad que los cansa. Otros afirman que se debe a la exposición continua a la luz ultravioleta que emiten las pantallas de los ordenadores.

Esta última afirmación puede ser cierta cuando la gente tenía monitores CRT en sus escritorios. Pero es menos válida con los nuevos monitores y ordenadores portátiles de hoy en día.

. . .

Mirar fijamente el teléfono también puede causar problemas de visión. La gente suele decir que tiene la vista borrosa, fatiga ocular, mareos, sequedad ocular y dolores de cabeza después de mirar el teléfono durante mucho tiempo.

Si sospechas que tus ojos se están estropeando, puede que tengas razón. Merece la pena considerar si tu adicción a la tecnología es, al menos en parte, la culpable.

#9 - Falta de control de los impulsos

El control de los impulsos es la capacidad de ignorarlos.

Afecta a la forma en que interactuamos con todos y todo lo que nos rodea.

Por ejemplo, suponga que está en la cola detrás de dos personas que están discutiendo sobre política.

Una de ellas dice algo que le molesta, lo que provoca el impulso de intervenir. Eso es natural. Es la naturaleza humana. Pero como las dos personas son desconocidas, tú (con suerte) mantienes el autocontrol e ignoras el impulso.

Las personas que no controlan sus impulsos suelen meterse en problemas. Un ejemplo es el conductor que se enfada en la carretera cuando alguien se cruza con él. O la empleada que de repente deja su trabajo porque su jefe le dice algo que le molesta.

No debería sorprender que los adictos a la tecnología experimenten habitualmente fallos en el control de sus impulsos.

Acuden a sus teléfonos cada vez que oyen un pitido o sienten una vibración. Revisan compulsivamente su correo electrónico. Pasan horas en Facebook, buscando desesperadamente algo que acabe con su aburrimiento.

Su disposición a sacrificar su vida social, su salud a largo plazo y su felicidad para alimentar su adicción es, por sí misma, una prueba convincente de su falta de autocontrol.

#10 - Procrastinación frecuente

Todo el mundo procrastina. De nuevo, es la naturaleza humana. Preferimos aplazar las tareas que consideramos desagradables y, en cambio, centrarnos en las cosas que nos interesan.

Por ejemplo, en casa, decidimos ver la televisión en lugar de hacer las tareas domésticas. En la oficina, visitamos Facebook y Twitter en lugar de trabajar en el informe que debemos terminar al final del día.

Nuestros ordenadores, portátiles y dispositivos móviles favorecen el hábito de la procrastinación. Hacen que sea fácil posponer las cosas. Con unos pocos clics, podemos ver vídeos, jugar a juegos o conectar con conocidos en las redes sociales. Podemos leer los últimos titulares de las noticias, visitar nuestros blogs favoritos y enviar mensajes de texto a nuestros amigos para quedar esa noche.

Y como llevamos nuestros teléfonos a todas partes, podemos hacer estas cosas en cualquier momento.

. . .

La tecnología pone un sinfín de distracciones al alcance de nuestra mano. No es de extrañar que tantos adictos a la tecnología tengan tendencia a procrastinar. Nuestros aparatos nos proporcionan innumerables oportunidades para ser felizmente improductivos.

#11 - Aumento de la irritabilidad

Los adictos a la tecnología están bien mientras puedan navegar por Internet, jugar a sus videojuegos favoritos y ver vídeos de YouTube sin interrupciones. Pero si les quitas los teléfonos y las consolas de juegos, verás un cambio drástico en su comportamiento. Muchos se vuelven irritables. Algunos se vuelven físicamente agresivos.

Esta reacción es común entre todos los adictos, ya sean adictos al azúcar o a los narcóticos ilícitos. Si les quitas el objeto de su obsesión, serás testigo de un gran cambio en su temperamento.

Piensa en la última vez que te impidieron usar tu teléfono, navegar por Internet o jugar a los videojuegos (si eres un jugador). ¿Se sintió agitado? ¿Se puso irritable, quizás con la persona responsable de desviar su atención de sus dispositivos? Si es así, puede que seas un adicto a la tecnología.

#12 - Deterioro del sentido del tiempo

Perder la noción del tiempo es uno de los efectos secundarios más comunes de la adicción a la tecnología.

Todos lo hemos hecho. Piensa en la última vez que investigaste algo en Internet que te interesaba. Es posible que hayas pasado horas leyendo sobre el tema sin darte cuenta de cuánto tiempo ha pasado.

El adicto experimenta esta pérdida de tiempo de forma habitual. Como pasa tanto tiempo aislado mirando la pantalla de su teléfono, tableta u ordenador, a menudo no tiene ni idea de la hora que es. Los adictos a la tecnología que trabajan en espacios cerrados sin ventanas ni luz natural pueden incluso descuidar las comidas, ya que sus ritmos circadianos se ven alterados.

Si levanta regularmente la vista de sus gadgets y se sorprende por la hora, es posible que tenga una obsesión.

Si ese es el caso, eres un candidato ideal para una desintoxicación digital.

En el siguiente capítulo, vamos a echar un vistazo a los factores que te hacen más vulnerable a la adicción a la tecnología. Antes de poder controlar la obsesión, es importante reconocer los elementos psicológicos, fisiológicos y ambientales que pueden estar fomentándola.

4

10 Factores Que Aumentan Tu Susceptibilidad A La Adicción

LA ADICCIÓN a la tecnología no se produce en el vacío. Siempre hay factores identificables que contribuyen a su desarrollo y persistencia.

Como verás en un momento, algunos de esos factores son psicológicos. Te hacen estar predispuesto a la adicción. Eso no significa que estés indefenso. No estás a su merced. Pero sí significa que tendrás que tomar medidas deliberadas y concertadas para romper con los hábitos arraigados.

Otros factores son fisiológicos. La mala noticia es que no hay mucho que puedas hacer sobre tu genética y tus rasgos heredados. Estás atado a ellos. Pero, de nuevo, no estás indefenso. En los próximos capítulos, te mostraré cómo controlar estas vulnerabilidades y minimizar sus efectos.

· · ·

Otros factores son ambientales. Son cosas que sí puedes controlar. Puedes hacer algo al respecto y, por lo tanto, hacerte menos susceptible a ellos.

A continuación, se presentan 10 características que causan o contribuyen al comportamiento compulsivo relacionado con la tecnología. Las trataremos rápidamente. El objetivo de este capítulo no es resolver cada factor. Más bien, quiero destacarlos para que seas consciente de las fuerzas que trabajan en tu contra. Esto nos ayudará a centrarnos en las áreas que presentan los obstáculos más formidables para completar una desintoxicación digital.

#1- Género

Los estudios demuestran que los hombres son más propensos a la adicción a Internet y a los videojuegos, mientras que las mujeres son más susceptibles a la adicción al teléfono. Las razones varían e implican cuestiones relacionadas con la autoestima, el estado de ánimo, la inclinación a la red y la tendencia al aislamiento social.

Aunque no hay mucho que puedas hacer con respecto a tu género, puedes tomar medidas para reducir los rasgos que te hacen susceptible a ciertos tipos de adicción.

Por ejemplo, si pasas una cantidad considerable de tiempo solo (aislamiento social), haz planes semanales para comer con un amigo. O apúntate a una liga de softball de fin de semana. O hazte voluntario en una organización benéfica local.

· · ·

#2 - Salud mental

Las enfermedades mentales se han relacionado con muchos tipos de adicción. Según los investigadores, las personas que sufren depresión, ansiedad, trastorno bipolar y esquizofrenia son más propensas a tener una personalidad obsesiva que las personas que no padecen estas enfermedades.

Estos problemas justifican que se busque el consejo y la orientación de un profesional de la salud mental. Yo no tengo ninguna formación en ese ámbito, así que soy incapaz de proporcionar ayuda.

Si padeces una enfermedad mental, te recomiendo encarecidamente que busques el tratamiento adecuado. Ese es el primer paso para controlar la personalidad obsesiva que te está haciendo susceptible a la adicción a la tecnología.

#3 - Impulsividad

¿Actúa sin considerar las posibles consecuencias de sus acciones? Si es así, tienes un bajo control de los impulsos, una característica de la que hemos hablado antes. Y lo que es más importante, podría estar contribuyendo a tu adicción a Internet o al teléfono.

Los estudios demuestran que la impulsividad está asociada a una personalidad adictiva. Es más probable que desarrolles una dependencia del teléfono, de Internet y de las redes sociales si no tienes la capacidad de controlar tus impulsos.

. . .

Parte del problema es que estas herramientas son muy accesibles. Por ejemplo, la mayoría de nosotros llevamos nuestros teléfonos con nosotros en todo momento. Podemos utilizarlos para conectarnos a Internet, leer las últimas noticias, jugar y visitar Facebook en cuanto se nos ocurre hacerlo.

Es como si un adicto a la heroína llevara un frasco de heroína en el bolsillo. Tiene acceso inmediato a ella. En consecuencia, tiene garantizada la recaída.

La clave para controlar tu adicción a la tecnología es frenar tu impulsividad. Eso implica entrenar a su cerebro para que se autorregule e ignore los impulsos. Una desintoxicación digital resultará valiosa en ese sentido.

#4 - Autoimagen negativa

La forma en que te ves a ti mismo puede influir en que desarrolles una dependencia tecnológica. Si sufres de baja autoestima o tienes una imagen negativa de ti mismo, es más probable que te aísles de los demás. El aislamiento te hará cuestionar aún más tu autoestima. Acabarás recurriendo al teléfono y al Internet para escapar de los pensamientos negativos y buscar validación.

Este es un camino común para aquellos con baja autoestima.

Lo peor es que se alimenta de sí mismo. Una imagen negativa de sí mismo hace que el individuo busque consuelo en la tecnología, lo que refuerza los sentimientos de baja autoestima.

Pasar tiempo alejado del teléfono y otros dispositivos -es decir, pasar por una desintoxicación digital- no eliminará los sentimientos de baja autoestima. No es una cura para todo. Pero eliminará uno de los factores que contribuyen -e incluso fomentan- esos sentimientos negativos. Ese es un paso importante para cambiar la forma en que te ves a ti mismo.

#5 - La soledad

Las interacciones sociales son esenciales para nuestra felicidad. Las relaciones que compartimos con nuestros amigos y seres queridos nos alegran y nos dan una profunda sensación de satisfacción.

La soledad tiene el efecto contrario. Cuando nos sentimos solos, nos sentimos vacíos por dentro. Nos sentimos separados y desconectados de los demás. Y eso puede llevarnos a un comportamiento compulsivo en lo que respecta a nuestros artilugios favoritos.

La soledad persistente suele ser un precursor de la depresión, un factor común que contribuye a la aparición de la adicción.

Además, la ausencia de una sólida red de apoyo social aumenta la probabilidad de recaídas repetidas tras la recuperación.

Cabe destacar que estar solo no es lo mismo que sentirse solo.

Muchos de nosotros prosperamos cuando estamos solos, disfrutando de un alto nivel de felicidad y satisfacción.

.   .   .

El problema ocurre cuando el tiempo a solas nos hace sentir desconectados de los demás. La ausencia de conexiones sociales abre la puerta a la soledad y a sus efectos secundarios.

#6 - La presión de los compañeros

Las personas con las que pasamos más tiempo son las que solemos modelar. Sus patrones de pensamiento, sus decisiones, sus comportamientos e incluso sus inclinaciones influyen en los nuestros.

Esto es doblemente cierto para quienes tienen una personalidad obsesiva. A veces pierden su identidad al adoptar los rasgos de los demás. También es cierto para los que tienen una imagen negativa de sí mismos. Modelan los comportamientos de los demás como forma de obtener aceptación y validación.

¿Cómo se relaciona esta dinámica con la adicción a la tecnología? Si la persona a la que se modela es un usuario de tecnología "de alta frecuencia", es probable que la persona que modela se convierta en lo mismo.

Conformarse con las acciones y comportamientos del modelo significa pasar más tiempo en el teléfono, Internet y las redes sociales. Esto es peligroso para un individuo que tiene una personalidad compulsiva y adictiva.

#7 - Facilidad de acceso

Nuestros teléfonos nos dan acceso instantáneo y continuo a Internet. Eso es útil cuando necesitamos información importante, como direcciones de conducción o datos que hemos almacenado en la nube.

Pero también supone un peligro. La facilidad con la que podemos conectarnos nos expone a una distracción constante.

Nos permite alimentar nuestra obsesión por las redes sociales, los titulares de las noticias, los vídeos de gatos y los videojuegos.

Nos anima a navegar aleatoriamente por sitios web sin dirección ni propósito.

Cada vez que cedemos a la tentación de alimentar nuestra adicción, reforzamos ese patrón de comportamiento compulsivo. Así, nos volvemos más propensos a hacer lo mismo una y otra vez.

La buena noticia es que se trata de un factor ambiental. Tú tienes el control sobre él. Puedes elegir limitar el acceso a tu teléfono, tableta y otros dispositivos, y así reducir tu dependencia de ellos.

#8 -Aislamiento

Cuanto más tiempo pases solo, más inclinado estarás a buscar entretenimiento, compromiso o validación en línea.

En este sentido, el aislamiento social puede acabar provocando una creciente obsesión por la tecnología.

· · ·

Piensa que la interacción cara a cara desencadena la liberación de dopamina. Esa es la razón por la que nuestras relaciones con amigos y seres queridos son tan gratificantes.

En ausencia de esas relaciones, el cerebro busca estímulos no sociales para provocar el mismo efecto. El tiempo que pasamos en Internet sustituye a la interacción cara a cara y reemplaza el vínculo social resultante. Enviar mensajes de texto, visitar Facebook, ver vídeos e incluso navegar por Internet al azar provoca la liberación de dopamina, inundando el centro de recompensa del cerebro. Esto es problemático porque crea una dependencia, un paso fundamental para desarrollar una adicción.

#9 - Mal humor

Un estudio de 2015 publicado en la revista Personality and Individual Differences descubrió que la inestabilidad emocional estaba relacionada con la adicción al móvil.

Esto tiene sentido. Una persona cuyo estado de ánimo cambia en un instante es probable que esté más inclinada a enviar mensajes de texto, tweets y visitar Facebook para obtener una gratificación rápida y reparar su estado de ánimo. Si este comportamiento se convierte en un hábito, es fácil ver cómo puede sentar las bases para la dependencia y la aparición de la adicción.

Si estás frecuentemente de mal humor o irritable, merece la pena investigar las estrategias que puedes aplicar para ser más positivo y estar más contento. Si te sientes comprometido, optimista y esperanzado, estarás menos inclinado a depender de tu teléfono y de Internet para apaciguar tus emociones.

. . .

#10 - Personalidad adictiva

Muchas personas están predispuestas a la adicción. Son más propensas que otras a formar dependencias. Cuando se encuentran con conflictos o estrés, buscan el consuelo en los objetos de sus adicciones.

Por ejemplo, una persona que lucha contra el alcohol puede decidir tomarse una cerveza después de un día estresante en la oficina. Un adicto a la cocaína puede decidir "hacerse una raya" tras un acalorado enfrentamiento con su cónyuge.

La tecnología es un facilitador perfecto para quienes tienen una personalidad adictiva. Como se ha señalado anteriormente, alimentar la adicción, ya sea enviando mensajes de texto, viendo vídeos o visitando Facebook, proporciona una gratificación instantánea al provocar la liberación de dopamina. Mientras tanto, no plantea ninguna consecuencia inmediata ni evidente.

Por supuesto, como ocurre con cualquier tipo de comportamiento, bueno o malo, la aplicación repetida establece y refuerza un hábito. Esto puede convertirse en una situación espinosa para el adicto a la tecnología, que confía en sus aparatos para aliviar el estrés.

Si tienes una personalidad adictiva y te cuesta apartarte del teléfono y otros dispositivos, es hora de hacer una desintoxicación digital.

Hagamos una rápida recapitulación antes de avanzar. Ya conoces los signos de la adicción a la tecnología. También eres consciente de los principales factores que contribuyen a ella.

.   .   .

En el próximo capítulo, analizaremos los motivos de tu obsesión por la tecnología.

Con esta información, te propondremos una estrategia eficaz para ayudarte a romper el ciclo y recuperar tu tiempo e independencia.

5

Las Razones Por Las Que Eres
Adicto A La Tecnología

Usamos la tecnología para aumentar nuestra productividad, adquirir conocimientos y perspectivas, y establecer conexiones personales a una escala que sería imposible sin ella. Nuestros teléfonos y otros dispositivos enriquecen nuestras vidas de innumerables maneras.

El problema es que su uso continuado nos hace cada vez más dependientes de ellos. Cuanto más utilizamos nuestros teléfonos, tabletas y ordenadores portátiles para actividades no laborales -por ejemplo, navegar por Facebook y Pinterest o jugar-, mayor es nuestra dependencia de ellos. Ese es el camino hacia la adicción.

En el capítulo anterior, hablamos de una serie de factores que te hacen más susceptible de desarrollar una obsesión por la tecnología. Este capítulo explorará las razones por las que puedes estar enganchado a ella.

.   .   .

Una vez que reconozcas las causas fundamentales de tu adicción, te resultará más fácil superarla mediante una desintoxicación digital.

Sobrecarga de información

Hace treinta años, la información nos llegaba en forma de chorro. Teníamos periódicos, revistas y un puñado de programas de televisión. Visitábamos la biblioteca si necesitábamos investigar algún tema. Era manejable.

Hoy, la información nos llega en forma de avalancha. Una cantidad ridícula llega a través de nuestros teléfonos, ordenadores y cientos de canales de televisión por cable cada día. Aumentamos la carga configurando alertas de Google, suscribiéndonos a boletines de noticias por correo electrónico, marcando docenas de sitios web y blogs, y pasando horas en las redes sociales. Y, por supuesto, nuestros Kindles están llenos de cientos, incluso miles, de libros por leer.

Nos ahogamos en información. Nos abruma un torrente continuo de contenidos. Esto nos mantiene adictos a la tecnología. Luchamos por mantener la cabeza a flote y, al mismo tiempo, ansiamos más información y entretenimiento.

Subidón de dopamina

. . .

La liberación de dopamina en nuestro cerebro es la única constante detrás de todas las adicciones. Los estudios han demostrado que jugar a los videojuegos desencadena su liberación.

Pasar tiempo en Facebook, leer mensajes de texto y buscar en Google también lo hace. Se experimenta el mismo efecto cuando se inhala nicotina, se bebe cafeína y se consumen dosis de cocaína (o eso demuestran los estudios).

Este pequeño neurotransmisor es una de las principales razones por las que nos convertimos en adictos a nuestras drogas preferidas, tanto si hablamos de narcóticos ilícitos como de nuestros teléfonos.

La dopamina nos llena de una sensación de placer. Es algo difícil de rechazar. Una vez que experimentas la sensación, quieres experimentarla una y otra vez.

Nuestros teléfonos hacen que hacerlo sea sencillo. Recibimos un mensaje de un amigo y sentimos un pequeño subidón. Vemos nuevos correos electrónicos en nuestras bandejas de entrada y sentimos un pequeño subidón. Vemos nueva actividad en Facebook y Twitter, y sentimos un pequeño subidón. Eso es la dopamina.

Es una de las razones por las que puedes ser adicto a tu teléfono, a los videojuegos, a los titulares de las noticias y a las redes sociales.

· · ·

Al igual que el adicto a la cocaína está siempre a la búsqueda de su próximo golpe, la adicta a la tecnología está siempre buscando su próxima dosis: cualquier cosa que desencadene el pequeño subidón de dopamina que su cerebro ansía será suficiente.

Anonimato

En los blogs, foros y redes sociales, el anonimato equivale a la seguridad. Podemos interactuar con la gente, discutir con ellos, ridiculizarlos y expresar ideas impopulares, reconfortados por la idea de que nadie sabe realmente quiénes somos.

No conocen nuestros nombres. No saben dónde vivimos. No es de extrañar que la gente esté dispuesta a decir cosas en línea que nunca diría en presencia física de otros. El anonimato les protege.

El anonimato también fomenta el voyeurismo. Nos conectamos a Internet para observar a otros -algunos lo llaman acoso- y saciar nuestra curiosidad por ellos. ¿Qué están haciendo? ¿Con quién hablan? ¿Qué dicen y sobre quién lo dicen?

Esta actividad, una combinación de observar a la gente y escuchar a escondidas, puede convertirse fácilmente en una adicción. Para la persona que ya lucha con una obsesión por la tecnología, es probable que alimente su hábito y refuerce su dependencia.

Miedo a perderse algo

· · ·

El miedo a perderse algo es un poderoso motivador. De hecho, muchas empresas lo utilizan como técnica de venta. Por ejemplo, probablemente haya visto anuncios en los que se afirma que sólo hay un número limitado de un determinado producto al precio anunciado. Es una táctica de marketing eficaz porque provoca nuestro miedo a perdernos una experiencia gratificante (es decir, conseguir una gran oferta).

Piénsalo en el contexto de leer textos, escuchar mensajes de voz, revisar el correo electrónico, visitar Facebook y leer los últimos titulares de las noticias. Nuestra compulsión por hacer estas cosas está impulsada por la misma aprensión. No queremos perdernos nada.

Seguro que has visto a gente leer -o peor, responder- mensajes de texto mientras conduce. Has visto a gente consultar su correo electrónico mientras está sentada en restaurantes y cines. No están atendiendo a las emergencias. Sólo tienen miedo de perderse algo.

Como he mencionado antes, cuanto más a menudo nos comportemos de una manera específica -por ejemplo, coger el teléfono para leer los mensajes de texto en el momento en que llegan-, más probable será que el comportamiento se convierta en un hábito. La repetición refuerza el patrón de comportamiento.

Una vez que el comportamiento se convierte en un hábito, su aplicación repetida puede convertirlo en una compulsión. Y eso está a un paso de que se convierta en una adicción en toda regla.

· · ·

Puerta de las buenas intenciones

Nadie planea convertirse en adicto a sus teléfonos inteligentes, tabletas y otros dispositivos. Utilizamos la tecnología con la intención de mejorar nuestra vida.

Por ejemplo, utilizamos hojas de cálculo en nuestros lugares de trabajo para cumplir con nuestras responsabilidades laborales. Configuramos las alertas de Google para ahorrarnos tiempo en la investigación. Nos conectamos a Internet para reservar hoteles y vuelos de avión para las vacaciones familiares.

En otras palabras, la tecnología en sí no es el problema. Al contrario, nuestros teléfonos, ordenadores e Internet nos hacen más productivos y eficaces. Mejoran nuestras vidas de innumerables maneras.

Pero, de forma contraria a la intuición, nuestras buenas intenciones pueden sentar las bases para la aparición de la adicción.

Las personas que utilizan habitualmente la tecnología para ahorrar tiempo, hacer cosas o realizar su trabajo pueden desarrollar gradualmente una obsesión.

Quienes tienen una personalidad obsesiva o se distraen fácilmente son los más vulnerables. Cuanto más utilizan sus teléfonos y otras herramientas, más refuerzan sus comportamientos compulsivos.

· · ·

Por ejemplo, revisar el correo electrónico se convierte menos en una forma de mantenerse al tanto de los proyectos relacionados con el trabajo y más en la emoción (y el subidón de dopamina) que desencadena la actividad.

Expectativas de la sociedad

Hace treinta años, la gente miraba con curiosidad -incluso con recelo- a quienes llevaban teléfonos móviles. Estos dispositivos eran una rareza. Y si tenías un portátil, te consideraban parte de la élite de la alta tecnología. Las cosas han cambiado.

La tecnología se ha convertido en una parte importante de nuestra experiencia diaria. Tanto si estamos en la oficina como si nos relajamos en casa o estamos de vacaciones, se espera que llevemos nuestros teléfonos y otros dispositivos con nosotros.

Una corriente subterránea de presión social nos hace sentir desnudos sin ellos.

Esta dinámica ha hecho que sea casi imposible funcionar sin nuestros aparatos.

Esto es problemático para aquellos que luchan contra la adicción al teléfono, a Internet o el comportamiento compulsivo relacionado con cualquier cosa que implique tecnología.

. . .

Nos sentimos presionados para responder a los mensajes de texto y a los correos electrónicos en el momento en que los recibimos. Nos sentimos presionados para responder a nuestros teléfonos cuando la gente nos llama. Nos sentimos presionados para estar al día de lo que ocurre en las redes sociales. Cada vez que actuamos según nuestros impulsos, reforzamos nuestros comportamientos compulsivos y alimentamos nuestra adicción.

La industria tecnológica fomenta el comportamiento compulsivo

He comparado la adicción a la tecnología con la adicción a las drogas. Comparten una serie de similitudes. Como he señalado, la realización de cualquiera de estas actividades desencadena la liberación de dopamina, una parte clave del sistema de recompensa del cerebro. Esto crea y mantiene la adicción.

Pero la adicción a la tecnología es diferente a la adicción a las drogas al menos en un aspecto importante. Y la industria tecnológica se basa en ella para fomentar el comportamiento compulsivo de los consumidores.

El término elegante para ello es "refuerzo intermitente".

Es la práctica de utilizar recompensas esporádicas para reforzar un comportamiento concreto. El término surge de las investigaciones realizadas por el psicólogo y conductista B.F. Skinner en los años 50.

· · ·

Así es como funciona en el contexto de consultar Facebook. Cada vez que visitas Facebook, esperas descubrir algo nuevo e interesante. Tal vez una amiga haya publicado nuevas fotos de su perro. Tal vez tu hermano haya publicado un vídeo divertido o un enlace a un artículo entretenido.

No hay garantía de que encuentres contenido nuevo que te interese cada vez que entres en Facebook. Es decir, no hay garantía de que visitar el sitio produzca una recompensa. Pero si lo hace, experimentarás el consabido subidón de dopamina con los sentimientos positivos que conlleva.

Es el "refuerzo intermitente". Según Skinner, esto asegura que usted seguirá regresando. Las empresas tecnológicas lo saben. Utilizan el "refuerzo intermitente" como táctica para fomentar tu compulsividad. Eso incluye visitar las redes sociales, revisar el correo electrónico, leer textos, buscar en Google y ver vídeos de YouTube. Cada una de estas plataformas está diseñada para mantenerte enganchado con recompensas entregadas a intervalos irregulares.

Las mismas fuerzas están en juego cuando te sientas frente a una máquina tragaperras. No se gana con cada tirada de la palanca. Se gana de forma intermitente.

Las recompensas esporádicas te mantienen en tu asiento, esperando que la experiencia se repita.

No hay un plan para controlar la obsesión

. . .

Las semillas de la adicción se plantan pronto. El New York Times informó en 2010 que los niños de entre 8 y 18 años pasan siete horas y media al día consumiendo diversas formas de medios de comunicación. ¿Cómo? Con sus teléfonos, tabletas, ordenadores y otros dispositivos.

Eso fue hace varios años. Hoy en día, la tecnología juega un papel aún mayor en nuestras vidas. De hecho, la CNN informó a finales de 2015 que los adolescentes pasan ahora 9 horas al día viendo vídeos, escuchando música y jugando a videojuegos.

Algunos de ellos visitan sitios como Facebook e Instagram más de 100 veces al día.

Como señaló un experto, "el gran volumen de tecnología mediática al que están expuestos los niños a diario es alucinante."

Los adultos están aún más expuestos. Según un informe de Nielsen de 2014, los adultos estadounidenses pasan 11 horas al día consumiendo medios de comunicación.

Aquí está lo preocupante: rara vez hay un plan, o incluso una intención, para controlar esta obsesión. Los padres rara vez advierten a sus hijos de que el uso constante de teléfonos y otros aparatos reforzará los comportamientos compulsivos y acabará provocando una adicción. De hecho, pocos adultos tomamos medidas para evitar ese proceso en nuestras propias vidas.

. . .

En lugar de ello, nos rendimos a los cantos de sirena de la tecnología. En lugar de limitar nuestra exposición, nos rodeamos de aparatos que alimentan continuamente nuestra obsesión.

Toda adicción, ya sea al alcohol, a las drogas o al juego, conlleva consecuencias. La adicción a la tecnología no es una excepción. En el próximo capítulo, echaremos un vistazo a cómo tu adicción a la tecnología está afectando negativamente a tu vida.

6

Cómo La Adicción A La Tecnología Afecta Negativamente A Tu Vida

LA MAYORÍA de los adictos son conscientes de que sus adicciones les perjudicarán a largo plazo. Pero a corto plazo, los objetos de sus obsesiones, desde las drogas y las compras hasta el juego y el chocolate, les producen tal subidón que es difícil dejarlos de lado. Además, las consecuencias inmediatas de alimentar la adicción parecen mínimas dada la recompensa inmediata.

La adicción a la tecnología, como todos los tipos de adicciones, plantea numerosas consecuencias potenciales. Las consecuencias pueden parecer relativamente inofensivas a corto plazo, pero introducirán problemas importantes a largo plazo.

A continuación, abordaremos estos problemas en detalle. De este modo, serás consciente del verdadero coste de tu obsesión a la hora de utilizar el teléfono, Internet y otras herramientas relacionadas con la tecnología.

Problemas para dormir

. . .

En 2014, Sleep Review: The Journal For Sleep Specialists informó de que los adictos al teléfono móvil se encuentran entre los individuos más privados de sueño. La investigación ha señalado varios factores posibles.

En primer lugar, los adictos tienden a llevarse sus teléfonos a la cama. Esto altera sus sistemas circadianos, o relojes corporales.

En consecuencia, sus cuerpos son menos capaces de regular cuándo deben dormir y despertarse.

En segundo lugar, el miedo a perderse algo mantiene a la gente pegada a sus teléfonos y ordenadores portátiles mucho después de que deberían haberse ido a la cama. Como la mayoría de la gente tiene que levantarse temprano por la mañana, este hábito les quita el sueño.

En tercer lugar, se cree que el tipo de luz que emiten las pantallas de nuestros aparatos -llamada "luz azul"- desempeña un papel importante. Los expertos afirman que la luz azul indica a nuestro cerebro que aún no es hora de dormir. Mirar fijamente nuestros teléfonos y tabletas antes de irnos a la cama está destinado a mantenernos despiertos.

Dormir poco produce efectos secundarios rápidos y negativos.

. . .

Si no duermes lo suficiente, estarás irritable, serás más propenso a cometer errores y tendrás menos capacidad de concentración. Y lo que es peor, con el tiempo será más vulnerable a una serie de problemas de salud graves.

Aumento de la inquietud

¿Le ha resultado difícil relajarse porque está esperando recibir una llamada telefónica o un correo electrónico importante? ¿Te ha costado concentrarte en tu trabajo porque estás esperando a que un amigo responda a tu mensaje?

Te sientes inquieto.

La inquietud puede manifestarse de diversas maneras. Por ejemplo, puedes ser incapaz de quedarte quieto. Puede que sufras un bajo nivel de ansiedad. Puede que estés tan preocupado por el objeto de tu atención -por ejemplo, un correo electrónico o un texto próximo- que seas incapaz de concentrarte en cualquier otra cosa, sin importar la prioridad.

El uso compulsivo del teléfono, de Internet y de otras herramientas relacionadas con la tecnología conduce a una mayor inquietud. La tecnología nos permite vivir nuestra vida a un ritmo más rápido que nunca. Podemos obtener información más rápidamente. Podemos conectar con amigos y familiares y responderles más rápido. Podemos alimentar nuestro insaciable apetito de nuevos contenidos (vídeos, blogs, publicaciones en las redes sociales, etc.) con el clic de un botón.

Esto puede ser una ventaja en determinadas circunstancias.

Por ejemplo, si estamos tratando de cumplir un plazo ajustado y necesitamos información para sacar adelante un proyecto, tener la capacidad de obtener esa información rápidamente es valioso.

Pero esta facultad puede convertirse con la misma facilidad en un lastre. Con todas las formas imaginables de información y todas las conexiones personales literalmente al alcance de nuestra mano, es fácil crear expectativas poco realistas. Esperamos una gratificación instantánea.

Cuando esas expectativas resultan ser falsas -por ejemplo, si nos vemos obligados a esperar a que un amigo o un cliente responda a un correo electrónico- nos sentimos inquietos.

La vida está llena de estos inconvenientes. Requieren paciencia. Estar en un estado de inquietud constante no es forma de vivir la vida.

Ansiedad y estrés

¿Se siente estresado, pero es incapaz de identificar las razones?

¿Se siente ansioso a pesar de haber cumplido sus objetivos personales y sus responsabilidades laborales? No es un misterio si pasas una cantidad considerable de tiempo en tu teléfono o en Internet.

La ansiedad y el estrés son compañeros habituales de la adicción a la tecnología. Los estudios demuestran que la sobreexposición a Internet puede influir en tu estado emocional. Puede conducir a la soledad y a la depresión, y ambas cosas aumentan tus niveles de estrés.

La ansiedad y el estrés se producen por varias razones. La adicción a la tecnología interrumpe las relaciones que compartes con tus amigos y familiares; te hace descuidar tus responsabilidades laborales; te lleva al aislamiento social; y puede acabar abriendo la puerta a problemas financieros.

También hemos señalado antes que la obsesión por el teléfono o Internet puede afectar negativamente a tu sueño. Eso también puede aumentar tus niveles de estrés. La falta de sueño, especialmente cuando se mantiene durante un periodo prolongado, desencadena la liberación de cortisol, una hormona del estrés.

Cuanto más estrés y ansiedad sientas, menos eficaz serás en cualquier cosa que intentes. Estarás menos presente cuando pases tiempo con tu familia. Serás menos capaz de concentrarte en el trabajo. Estarás más irritable y tendrás más problemas con las distracciones. Y lo que es peor, se expondrá a una larga lista de problemas de salud, como la diabetes, las enfermedades cardíacas y la hipertensión, así como a problemas de digestión, memoria y función sexual.

Una desintoxicación digital te ayudará a eliminar el estrés que sientes para que puedas recuperar el control de tu vida.

Incapacidad para concentrarse

Damos por sentada la capacidad de concentración. Asumimos que podemos hacerlo siempre que lo necesitamos. La realidad es que nuestros comportamientos compulsivos hacia la tecnología erosionan esa capacidad. Cuanto más tiempo pasamos con nuestros teléfonos y otros aparatos, menos podemos concentrarnos en la tarea que estamos tratando de completar.

Nuestros pensamientos se fragmentan. Nuestra atención se pierde rápidamente por las distracciones. Empezamos a hacer varias cosas a la vez, lo que pone a prueba nuestro cerebro desenfocado. Cualquier estímulo externo atrae nuestra atención.

¿Cómo afecta esta pérdida de concentración? Hay varios efectos secundarios. Te vuelves olvidadizo y pierdes citas y plazos. Se convierte en un conversador menos comprometido -y menos atractivo-. Su conciencia situacional se resiente. Se vuelve más impulsivo y propenso a los arrebatos. Necesita más tiempo del necesario para completar proyectos y actividades.

En resumen, la incapacidad de concentrarse derivada de una adicción a la tecnología puede tener efectos negativos de largo alcance en su vida.

Existen numerosas estrategias para mejorar la concentración.

Una de ellas es desconectar. Si estás luchando contra una adicción a Internet, una adicción al teléfono o cualquier otra obsesión relacionada con la tecnología, necesitas una desintoxicación digital.

Incapacidad para retener información

· · ·

La pérdida de memoria a corto plazo se observa a menudo en quienes luchan contra la adicción a Internet. Los científicos no están seguros de las razones, pero sospechan que podrían estar relacionadas con cambios en la estructura del cerebro.

En 2011, investigadores de China estudiaron los efectos de la adicción a internet en la materia gris del cerebro. Encontraron pruebas de que la sobreexposición a internet provocaba "múltiples cambios estructurales en el cerebro". Continuaron señalando que "las anormalidades estructurales en la cápsula interna podrían, en consecuencia, interferir con la función cognitiva y perjudicar las funciones ejecutivas y de memoria." (Sus conclusiones se publicaron en la revista PLoS ONE).

Resulta tentador descartar los signos de pérdida de memoria por considerarlos intrascendentes. Por ejemplo, damos poca importancia a nuestra incapacidad para recordar dónde hemos puesto las llaves del coche. Pero, a menos que la persona olvidadiza tome medidas para evitar una mayor erosión de la memoria, los signos "intrascendentes" pueden introducir circunstancias problemáticas en el futuro.

La pérdida de memoria a corto plazo puede influir gradualmente en sus emociones, función motora, reflejos y capacidad de comunicación.

Los científicos siguen estudiando cómo la adicción a Internet afecta a los numerosos procesos del cerebro, incluido el almacenamiento de la memoria a corto plazo. Si le cuesta recordar cosas y tiene la compulsión de conectarse a Internet, ahora es un buen momento para frenar el hábito.

. . .

Mayor susceptibilidad a las distracciones

A estas alturas, no debería sorprenderte que una adicción al teléfono o a Internet te haga más vulnerable a las distracciones.

Lo peor es que el efecto es insidioso y, por lo tanto, suele pasar desapercibido.

Le ocurre a todo el mundo. En 2015, Pew Research dio a conocer sus conclusiones sobre el uso de los smartphones en EE.UU. Casi el 60% de los encuestados declaró sentirse regularmente "distraído" como resultado directo de sus teléfonos.

Es razonable suponer que la cifra real es mayor. Al fin y al cabo, muchas personas son reacias a admitir cualquier tipo de carencia. Además, algunos adictos al teléfono pueden no ser conscientes del problema.

Nuestros teléfonos también pueden presentar el seductor espejismo de una mayor productividad. Muchos de los encuestados señalaron que el uso de sus teléfonos les hacía sentir que eran más productivos a pesar de las mayores distracciones.

Las distracciones son el enemigo de la productividad. Las interrupciones destruyen tu impulso, aumentando el tiempo que te lleva hacer algo. Ya sea que la interrupción venga en forma de un compañero de trabajo con una pregunta o un impulso de revisar

Facebook, hace que su cerebro tropiece. Cada vez que esto ocurre, el cerebro necesita hasta 20 minutos para volver a ponerse en marcha.

Teniendo esto en cuenta, imagina la experiencia diaria de un adicto a la tecnología. Está constantemente con su teléfono o navegando por Internet. Cada pocos minutos, comprueba si hay nuevos correos electrónicos y mensajes de texto, juega, se conecta a las redes sociales, lee las últimas noticias o visita sus foros online favoritos.

¿Te imaginas lo difícil que sería para ella concentrarse en su trabajo o en la persona con la que está? Las constantes distracciones harían imposible hacerlo.

Distraerse con el teléfono también plantea otros problemas.

Por ejemplo, perjudica el vínculo interpersonal.

Muchas personas consideran de mala educación reconocer los mensajes de texto, los correos electrónicos y las llamadas telefónicas en su compañía. Además, utilizar el teléfono mientras se conduce puede tener resultados catastróficos.

Si eres adicto a tu teléfono, probablemente no consideres que las constantes distracciones sean un problema. Al menos, todavía no. Esa perspectiva cambiará una vez que pases por una desintoxicación digital. Notarás una gran diferencia en tu nivel de conciencia en ausencia de tus gadgets.

. . .

Reducción de la productividad

Cuanto más a menudo te distraigas, menos productivo serás. Dado que la obsesión por el teléfono o la adicción a Internet abren la puerta a un sinfín de distracciones, tu productividad disminuirá con toda seguridad.

Muchas personas asumen erróneamente que sus gadgets les hacen más productivos. La percepción es comprensible. Al fin y al cabo, pueden consultar su correo electrónico, gestionar sus horarios y responder a preguntas al instante a través de un mensaje de texto.

Pero esta percepción es a menudo una ilusión. La mayoría de las veces, nuestros teléfonos y otros dispositivos son un obstáculo para nuestros intentos de hacer las cosas.

El economista Robert Solow abordó esta noción en 1987 cuando señaló: "Se ve la era de la informática en todas partes menos en las estadísticas de productividad". Aunque todavía faltaban varios años para la llegada de los teléfonos inteligentes, las tabletas y el acceso a Internet por Wi-Fi, el comentario de Solow era perspicaz. Incluso premonitorio.

La verdad es que muchos de nosotros perdemos una cantidad considerable de tiempo en línea cada día. Estamos constantemente distraídos, con nuestra atención tirada en mil direcciones. El resultado es que regularmente no podemos hacer todo lo que esperamos.

. . .

Piensa en el uso que haces actualmente de Internet. Puede que pases una hora al día leyendo y respondiendo correos electrónicos. Puede que pases una hora cada mañana leyendo los titulares de las noticias y viendo vídeos de YouTube. Tal vez pase algunas horas por la tarde jugando a juegos en línea, navegando por las redes sociales y leyendo sus blogs favoritos. Tal vez pase las noches comprando o apostando en línea.

Estas actividades pueden ocupar una parte considerable de su día. Eso le deja mucho menos tiempo para completar tareas y proyectos importantes.

En los últimos 10 años, ha habido una oleada de aplicaciones de productividad que puedes descargar en tu teléfono y navegador. Estas aplicaciones son seductoras porque prometen aumentar la productividad.

Pero los desarrolladores rara vez mencionan que ser más productivo es más una cuestión de desarrollar buenos hábitos que simplemente descargar las últimas aplicaciones.

Si actualmente te cuesta terminar los proyectos a tiempo, piensa en el tiempo que pasas en Internet y en tu teléfono. Es posible que hayas desarrollado una obsesión. Si ese es el caso, es casi seguro que tus comportamientos compulsivos están obstaculizando tu productividad.

Relaciones tensas

. . .

La adicción a la tecnología puede tener un efecto dramático en las relaciones que compartes con las personas de tu vida.

Piensa en el adicto al teléfono que lo consulta cada dos minutos. Es incapaz de mantener una conversación significativa debido a las constantes interrupciones. Es comprensible que la persona con la que está piense que su comportamiento es grosero.

Piensa en el adicto a Internet que no puede separarse de su ordenador. Está obsesionado hasta el punto de que prefiere estar conectado que retirarse a la cama con su pareja.

La adicción a la tecnología afecta a las relaciones de muchas maneras. Algunas son menos evidentes. Por ejemplo, dificulta la intimidad compartida entre los cónyuges.

Una cadena interminable de mensajes de texto, notificaciones de correo electrónico y recordatorios de eventos crea una distracción siempre presente que hace que la comunicación y la intimidad sean difíciles, si no imposibles.

Hace que la persona que pasa tiempo con el adicto se sienta devaluada a sus ojos. A medida que el adicto sigue revisando su correo electrónico y sus mensajes, descuida a su acompañante, que acaba dándose cuenta de que es una prioridad menor que el teléfono del adicto.

La adicción a la tecnología también hace que perdamos nuestra empatía por los demás. Nos volvemos menos capaces de entender lo que están experimentando. Perdemos nuestra capacidad de simpatizar con ellos. De ahí que nos volvamos menos capaces de comprender cómo les afectan nuestros comportamientos compulsivos. Desarrollamos un punto ciego social. El punto ciego hace que nos resulte difícil conectar -o mantener conexiones- con los demás, incluidas las personas que son más importantes para nosotros.

Erosión de las habilidades interpersonales

Suponemos que la tecnología mejora nuestra comunicación. Y en muchos aspectos, lo hace.

Por ejemplo, podemos ponernos en contacto con la gente siempre que nos apetezca o surja una necesidad.

Podemos conectar con ellos siempre que queramos, ya que la mayoría de la gente lleva su teléfono encima. Si necesitamos algo de alguien y no nos apetece mantener una conversación, podemos enviar un correo electrónico o un texto conciso.

Pero esta capacidad tiene un lado oscuro. Cuanto más nos relacionamos en línea, más se deterioran nuestras habilidades interpersonales. Cuanto más interactuamos con nuestros amigos y seres queridos a través de mensajes de texto, correos electrónicos y redes sociales, más diluimos las conexiones del mundo real que compartimos con ellos.

. . .

La falta de habilidades interpersonales tiene consecuencias sociales. En primer lugar, dificulta la comunicación. En segundo lugar, hace que uno esté menos dispuesto a escuchar a los demás, una herramienta vital para establecer conexiones personales. Por lo tanto, una persona con pocas habilidades interpersonales es probable que tenga dificultades en entornos de grupo y en circunstancias que impliquen a equipos.

La erosión de las habilidades interpersonales es una de las muchas formas en que la adicción a la tecnología erige una barrera social alrededor del adicto. El efecto es significativo.

Cuanto más fuerte sea la barrera, más aislado se sentirá el adicto, preparando el terreno para la ansiedad, la soledad y la depresión.

7

¿Qué Es Una Desintoxicación Digital (Y Cómo Te Ayudará)?

Hay varias formas de tratar la adicción a la tecnología. Una de ellas es buscar el asesoramiento de un terapeuta. Esto puede hacerse en un entorno privado o de grupo.

Otra opción es la rehabilitación. Este enfoque funciona de la misma manera que la rehabilitación de drogas o alcohol. El paciente acude a un centro de tratamiento durante un periodo concreto -por ejemplo, dos semanas- en el que se restringe su acceso a la tecnología. Algunas clínicas ofrecen programas para pacientes externos, pero al igual que en la rehabilitación de drogas y alcohol para pacientes externos, hay un alto índice de recaídas.

El tercer enfoque es el autotratamiento. En lugar de visitar a un terapeuta o ingresar en un centro de rehabilitación, tú tomas las riendas para acabar con tu adicción. Tú tienes el control.

En este caso, estamos hablando de hacer una desintoxicación digital personal.

· · ·

Las ventajas del autotratamiento son dobles. En primer lugar, es menos costoso que la terapia o la inscripción en un centro de rehabilitación. En segundo lugar, supone un menor trastorno para tu estilo de vida actual.

Si eres como yo, esas dos ventajas te convencen. A continuación, explicaré qué es una desintoxicación digital y presentaré las razones para hacer una. Si eres adicto a los mensajes de texto, los videojuegos, las redes sociales, los titulares de las noticias o YouTube, estás a punto de descubrir uno de los mejores remedios.

Explicación de la desintoxicación digital

Una desintoxicación digital implica alejarse de todos tus aparatos. Esto incluye el teléfono, la tableta y el ordenador portátil.

Hay una serie de desafíos para recorrer este camino. Por ejemplo, ¿cómo se puede desconectar por completo si su trabajo requiere el uso de un ordenador? Además, ¿cómo se puede mantener el contacto con la gente sin mensajes de texto, correos electrónicos y llamadas telefónicas?

¿Y qué hay de los síntomas de abstinencia? Una desintoxicación digital es como una desintoxicación de drogas.

Tu cerebro anhela el subidón de dopamina que resulta de tu comportamiento compulsivo. Una vez que cortes tu acceso a la tecnología, sentirás los dolores de la abstinencia.

· · ·

Abordaré estos y otros retos en los siguientes capítulos. Lo importante es recordar que para acabar con la adicción es necesario eliminar el teléfono y otras herramientas relacionadas con la tecnología. El destete no es suficiente si esperas controlar tu dependencia. Tienes que cortar la conexión, al menos temporalmente.

Piénsalo así: si fueras adicto a la cocaína, no intentarías romper tu adicción reduciendo gradualmente el número de líneas que haces cada noche. Esa estrategia tiene el fracaso garantizado. En su lugar, te internarías en una clínica y te someterías a una desintoxicación completa, sin acceso a la cocaína.

Así es como debes abordar tu adicción a la tecnología. Si quieres romper el hábito, dejar de sentirte abrumado y recuperar el control de tu concentración y productividad, necesitas hacer una desintoxicación digital completa.

Probablemente necesitarás motivación. Te animo a que escribas las muchas maneras en que tu vida mejorará después de romper tu adicción a la tecnología. Repasa la lista cada vez que experimentes signos de abstinencia.

Te ayudaré a empezar. El próximo capítulo destacará varias razones para hacer una desintoxicación digital.

8

15 Formas En Que Tu Vida Mejorará Después De Una Desintoxicación Digital

NO TE VOY A MENTIR. Pasar por una desintoxicación digital puede ser desagradable - al menos, al principio. Ansiarás tu teléfono para poder comprobar si hay nuevos mensajes. Codiciarás tu portátil para poder recuperar tu correo electrónico.

Ansiarás tu tableta para leer los últimos titulares de las noticias y conectarte a Facebook. Y te sentirás cada vez más inquieto y agitado cuanto más tiempo te impida hacer estas cosas. Son síntomas de abstinencia.

Tienes que tener una buena razón para desconectarte del teléfono y de otros aparatos. Esa razón te ayudará a resistir la tentación de echar mano de ellos cuando comiencen los antojos. Tienes que saber que el esfuerzo mejorará tu vida de alguna manera medible. De lo contrario, no hay razón para seguir adelante.

A continuación, te indicaré 15 formas en las que tu vida mejorará después de realizar una desintoxicación digital. Algunas de ellas pueden parecerte intrascendentes. Otras serán de gran importancia. Tus circunstancias son únicas en tu vida. Así que anota las mejoras que más te importan.

#1 - Romperás el ciclo de la adicción

El ciclo de la adicción es impulsado por el centro de recompensa del cerebro. Esa es la razón por la que es tan difícil de romper. Como hemos señalado anteriormente, la dopamina inunda el sistema límbico del cerebro cada vez que el adicto alimenta su adicción. Este efecto secuestra el cerebro, produciendo intensos antojos. Las ansias crecen en intensidad hasta que se consume la sustancia adictiva -para nuestro propósito, cualquier cosa relacionada con la tecnología-.

Cuando se realiza una desintoxicación digital, se rompe este ciclo. Interrumpes los patrones de comportamiento que, hasta ahora, han reforzado tu adicción. La desintoxicación te da la oportunidad de "reiniciar" el sistema de recompensa de tu cerebro.

#2 - Formarás conexiones más profundas

Como hemos señalado antes, revisar el teléfono cada pocos minutos dificulta tu capacidad de conectar con los que te rodean. Lo mismo ocurre con el hecho de pasar todo el tiempo libre en línea en lugar de interactuar con la gente cara a cara.

Si dejas de lado el teléfono y otros dispositivos, desarrollarás un mayor sentido de la empatía.

Podrás leer mejor las caras y el lenguaje corporal de las personas y reconocer las emociones que experimentan. También disfrutarás de un tiempo ininterrumpido para mantener conversaciones significativas con ellos. ¿Y el resultado? Te sentirás más conectado con los demás. Podrás prestar a las personas la atención que se merecen. A cambio, tú mismo recibirás más atención. Formar este tipo de conexiones puede ser una experiencia profundamente gratificante.

#3 - Recuperarás un tiempo valioso

¿Cuántas veces comprueba su teléfono cada día para ver si hay nuevos mensajes? ¿Con qué frecuencia dejas lo que estás haciendo para visitar YouTube, Facebook u otros sitios web no relacionados con lo que estás trabajando? Probablemente estás perdiendo al menos unas cuantas horas al día.

Lo sé de primera mano porque solía ser adicto a las noticias.

Comprobaba sitios de noticias como CNN.com cada pocos minutos. Aunque estaba al tanto de la actualidad, mi productividad era terrible. Al final, hice un "ayuno" de noticias para recuperar el tiempo.

Cuando hagas una desintoxicación digital, disfrutarás del mismo beneficio. Recuperarás el tiempo que antes dedicabas a consultar el teléfono, visitar Facebook, Twitter e Instagram y ver un vídeo tras otro en YouTube. Probablemente descubrirás que pasaste más tiempo haciendo estas cosas de lo que habías imaginado.

#4 - Podrás pensar con más claridad

Si eres un adicto al teléfono, éste es una distracción constante. Sus pitidos y zumbidos, que le notifican los mensajes y llamadas entrantes, son imposibles de ignorar.

. . .

Si eres adicto a las redes sociales, sentirás la incesante atracción de sitios como Facebook, Twitter e Instagram. Siempre te están llamando, tentándote a dejar lo que estés haciendo para conectarte.

Si estás obsesionado con Internet, cada momento que te sientes frente al ordenador será una lucha. Estarás constantemente tentado a dejar de lado el trabajo para navegar por tus sitios web favoritos.

Estas compulsiones hacen que sea difícil, e incluso imposible, pensar con claridad. Estarás en un estado de distracción continua. También te enfrentarás a la tentación de la multitarea, una actividad que, según las investigaciones, es contraria al funcionamiento del cerebro.

Una desintoxicación digital despeja la baraja mental. Elimina las distracciones relacionadas con la tecnología para que puedas relajarte y pensar con claridad.

#5 - Disfrutarás de una mayor concentración

En el capítulo "Los 12 principales efectos secundarios de la adicción a la tecnología", señalé que los peces de colores, por término medio, tienen una capacidad de atención mayor que las personas. Por supuesto, los peces tienen una ventaja: carecen de acceso a los teléfonos inteligentes, las redes sociales, los videojuegos y YouTube.

Estas "herramientas" son distracciones si eres adicto a su uso. Y una mente distraída es una mente desenfocada.

. . .

¿Te has sentido desconcentrado últimamente? ¿Te cuesta concentrarte en tu trabajo y, en consecuencia, cometes errores? Cuando su cónyuge o sus hijos le hablan, ¿su mente se desvía? Si es así, no está solo. En la era de los medios digitales, millones de personas luchan con los mismos problemas.

La forma más rápida y sencilla de recuperar la concentración es deshacerse de las distracciones. No basta con disminuir su número o reducir tu exposición a ellas. Hay que eliminarlas por completo. Si te encuentras entre los obsesionados por la tecnología, eso significa dejar de lado tu teléfono, Internet, tu consola de juegos y cualquier otra "herramienta" de la que dependas para tu dosis.

#6 - Serás más productivo

¿Has estado alguna vez en un estado de flujo -a veces se le llama "estar en la zona"- mientras trabajas en tu escritorio? Es un estado mental en el que te concentras como un láser.

También te entusiasma tu trabajo, lo que aumenta tu nivel de energía. Como resultado, eres capaz de hacer un montón de trabajo aparentemente sin esfuerzo.

Si eres escritor, estar en estado de flujo significa escribir mientras las palabras y los pasajes perfectos brotan de ti. Si eres un estudiante, significa trabajar en un proyecto sin ninguna sensación de tiempo o esfuerzo mental. Si eres un desarrollador web, estar en la zona significa crear un nuevo marco de diseño con elementos que parecen caer en su sitio.

. . .

Trabajar en un estado de flujo conduce a una mayor productividad. Permite a tu cerebro procesar la información de forma rápida y eficaz. Al mismo tiempo, el estrés se evapora, permitiéndote concentrarte exclusivamente en la tarea que tienes delante.

¿Cómo se consigue un estado de flujo? El primer paso es eliminar las distracciones de tu entorno. Para ello, si normalmente te distraes con el teléfono, Facebook, YouTube y los videojuegos, tienes que hacer una desintoxicación digital.

#7 - Dormirás mejor

No debería sorprenderte que la adicción a la tecnología afecte a la calidad de tu sueño. Un montón de investigaciones respaldan la conexión.

Por ejemplo, un estudio de 2015 publicado en el Journal of Behavioral Addictions mostró que la adicción al teléfono está positivamente correlacionada con un sueño deficiente. En 2012, el Journal of Sleep Research publicó los resultados de un estudio que indicaba una fuerte relación entre la adicción a Internet y el insomnio.

En 2016, un estudio que examinaba los efectos del trastorno de adicción a Internet (TIA) en estudiantes universitarios coreanos descubrió que esta afección estaba fuertemente relacionada con el insomnio y la mala calidad del sueño.

Si te resulta difícil apartar el teléfono o desconectarte de Internet, es muy probable que seas adicto. Es probable que tu adicción te esté causando problemas de sueño, aunque no te des cuenta. Si te sientes constantemente cansado, controla si estás descansando lo suficiente por la noche. Si no es así, tus dispositivos favoritos pueden ser los culpables. Podrían estar manteniéndote despierto, convirtiéndote en un candidato ideal para una desintoxicación digital.

#8 - Evitarás la sobrecarga de información

Como adicto a la tecnología, tu cerebro está sobrecargado de información. Revisar tu teléfono en busca de mensajes, leer tus blogs favoritos, ver vídeos de YouTube y recuperar tu correo electrónico pasa factura. Si estás haciendo estas cosas cada pocos minutos, tu cerebro nunca tiene el tiempo que necesita para recargarse.

Eso es un problema grave. Bebemos de una boca de incendios de información en línea, asumiendo que nos hará más conocedores. En realidad, nos dejamos bombardear con contenido irrelevante para nuestros objetivos.

¿El resultado?

Estamos menos concentrados, más estresados y necesitamos más tiempo para tomar decisiones. Además, el diluvio de información nos distrae, haciéndonos más propensos a la multitarea y a cometer errores.

Ser selectivo con la información que consumes es una de las claves para mantener un alto nivel de productividad. Eso quedará muy claro una vez que pases por una desintoxicación digital. Descubrirás que muchos de los contenidos que normalmente consumes a través de tus dispositivos favoritos son innecesarios.

#9 - Experimentarás menos estrés

Si te sientes estresado, la razón puede ser el uso que haces de Internet o de tu teléfono. Los estudios muestran que el uso constante de la tecnología puede conducir a mayores niveles de ansiedad.

Por ejemplo, en 2014, el International Journal of Humanities and Social Sciences publicó una investigación que mostraba una relación significativa entre la adicción a internet y el estrés en estudiantes universitarios. Cuanto más avanzada es la adicción, mayor es el nivel de estrés observado por los investigadores.

No es de extrañar. Al fin y al cabo, piensa en cómo utilizas tu teléfono e Internet. Si eres un adicto, probablemente pases al menos 10 horas al día utilizando compulsivamente estas herramientas. Ese volumen de uso ejerce estrés sobre tu mente y tu cuerpo.

Además, las personas que utilizan constantemente sus teléfonos con fines sociales son propensas a experimentar "estrés social". Las interacciones diarias con otras personas, ya sea a través de mensajes de texto, correo electrónico o llamadas telefónicas, provocan ansiedad y se convierten gradualmente en algo indeseable.

Como ya hemos dicho, el estrés puede provocar una serie de problemas secundarios. Puede perjudicar el sueño, afectar a la digestión y provocar dolores y molestias. Puede causar estragos en tu estado de ánimo e incluso preparar el terreno para la depresión.

. . .

Pasar tiempo alejado de tu teléfono y otros dispositivos aliviará gran parte del estrés que estás experimentando.

#10 - Ajustarás las expectativas de los demás sobre ti

Los adictos a la tecnología tienden a responder rápidamente a los mensajes de texto, correos electrónicos y mensajes de voz. Se ven obligados a comprobar si hay nuevos mensajes cada pocos minutos. Cuando se dan cuenta de que han recibido uno, son incapaces de resistirse a enviar una respuesta inmediata. Hacerlo les hace sentirse productivos, lo que refuerza el hábito.

Esta práctica tiene un terrible inconveniente: la gente se entrena para esperar una respuesta inmediata. Es posible que ya estés lidiando con este problema. Cuando la gente te envía mensajes de texto, espera que le contestes en un momento.

Cuando te envían correos electrónicos, esperan una respuesta en la misma hora. Y si no respondes a sus mensajes de voz en una o dos horas, es probable que vuelvan a llamar para saber qué pasa.

Si luchas contra una adicción a la tecnología, estas expectativas aumentarán tu nivel de estrés. También te distraerán de cualquier tarea o proyecto en el que estés trabajando, ya que estarás constantemente reaccionando a factores externos.

Una de las ventajas de pasar por una desintoxicación digital es que restablecerás las expectativas de los demás. Sin acceso a tus dispositivos, no podrás responder a ellos de forma tan oportuna como esperaban.

No pasa nada. Aparte de las emergencias, rara vez hay una buena razón para responder a un mensaje en el momento en que lo recibes. Algunos mensajes deben dejarse a fuego lento, para tener tiempo de pensar en respuestas adecuadas. Algunos "no merecen ninguna respuesta".

#11 - Desarrollarás mejores habilidades sociales
Los estudios demuestran que la exposición constante a los medios digitales ha deteriorado nuestras habilidades interpersonales.

En 2014, la revista Computers in Human Behavior comparó dos grupos de preadolescentes. Un grupo tenía acceso constante a sus teléfonos y otros dispositivos.

El otro grupo no tenía ese acceso. Los autores descubrieron que este último grupo disfrutaba de una mayor interacción social, ya que sus miembros pasaban menos tiempo con sus gadgets. Como resultado, eran más capaces de reconocer las señales emocionales no verbales, una habilidad fundamental para establecer vínculos sociales.

Los adultos también se ven afectados por las consecuencias sociales de la sobreexposición a los medios digitales. A principios de 2014, Justine Harmon, editora senior de la revista Elle, escribió un artículo titulado "Cómo las redes sociales están arruinando mis habilidades sociales". Señaló que pasar tiempo en sitios web como Instagram había empezado a afectar a su forma de interactuar con las personas que conocía cara a cara.

. . .

En una entrevista en el Huffington Post tras su artículo, opinó que el uso excesivo de las redes sociales es "la muerte de una conversación civilizada real".

El establecimiento de contactos en línea, ya sea a través del correo electrónico, los mensajes de texto o las redes sociales, es una dinámica completamente diferente a la de la interacción cara a cara. Otras actividades en línea, como ver vídeos en YouTube, jugar a videojuegos o leer los titulares de las noticias, no ofrecen ninguna interacción social. No es de extrañar que muchas personas tengan dificultades para iniciar y mantener conversaciones.

Una desintoxicación digital mejorará tu capacidad de comunicación cara a cara.

Sin acceso al teléfono, el ordenador y otros dispositivos, te verás obligado a confiar en tus habilidades interpersonales. Esto supone una buena oportunidad. Mejorarás tu capacidad de escuchar, mantener el contacto visual y leer el lenguaje corporal.

#12 - Disfrutarás más de la lectura de libros

¿Las páginas web, los blogs, los foros, los textos y los correos electrónicos constituyen la mayor parte de su material de lectura diario? Así es, si eres un auténtico adicto a la tecnología.

Al principio puede parecer que está bien. Después de todo, la lectura de cualquier tipo nos informa. Nos entretiene. Incluso puede ayudarnos a olvidar las cosas que nos causan estrés.

. . .

Pero no es lo mismo leer artículos y blogs online que una novela. Esta última aporta beneficios únicos. Cuando lees una novela de ficción, ya sea de misterio o un thriller de alto octanaje, estimulas tu cerebro, mejoras tu concentración y tu memoria. También amplía su vocabulario y, por consiguiente, mejora su capacidad de comunicación.

Los estudios también demuestran que leer por placer, normalmente a través de una buena novela, puede ayudarle a relajarse e incluso a mejorar la calidad de su sueño. Además, algunos tipos de ficción ofrecen una visión de los estados mentales de los demás, haciéndole más compasivo y empático.

¿Cuánto tiempo hace que no lee una novela de principio a fin?

¿Meses? ¿Años? Cuando dejes de lado tus dispositivos (tu Kindle es una excepción), redescubrirás el placer de la lectura. Puede que incluso descubras que quieres continuar con el hábito después de completar tu desintoxicación digital.

#13 - Tendrás más tiempo para hacer ejercicio

Me doy cuenta de que algunas personas leen y envían mensajes de texto, revisan su correo electrónico, visitan las redes sociales, recuperan sus mensajes de voz y devuelven las llamadas mientras hacen ejercicio. Pero son la minoría. Para la mayoría, es una propuesta "o". O pasan el tiempo utilizando sus dispositivos o hacen ejercicio. Rara vez hacen las dos cosas a la vez.

En la mayoría de los casos, si se les da a elegir, los adictos a la tecnología siempre elegirán la tecnología en lugar del ejercicio.

. . .

Los adictos al teléfono y a Internet son más propensos a visitar Facebook, ver vídeos de YouTube y jugar a videojuegos que a salir a correr. Están más dispuestos a enviar mensajes de texto a sus amigos que a dejar de lado sus teléfonos y hacer flexiones y abdominales.

¿Y qué pasa con los que van al gimnasio con sus teléfonos en la mano? Su atención está dividida entre sus entrenamientos y sus aparatos. Se nota al ver cómo se comportan. La mayoría se limita a hacer el ejercicio con la mirada fija en sus teléfonos.

Una desintoxicación digital te permite centrarte en tu forma física. Sin que tu teléfono e Internet mantengan tu atención cautiva, podrás concentrarte mejor en tu entrenamiento.

¿El resultado? Mejor salud, menos estrés, mejor sueño y un estado de ánimo más constante. Y eso es sólo la punta del iceberg.

#14 - Le darás a tu cerebro un muy necesario descanso

Muéstrame a un adicto a la tecnología y te mostraré a alguien que habitualmente realiza varias tareas. Eso es un problema. La multitarea, especialmente con la tecnología, supone una enorme carga para el cerebro. Entre leer y responder a los mensajes de texto, revisar el correo electrónico, conectarse a las redes sociales, jugar a los videojuegos y leer las noticias, además de atender a las responsabilidades relacionadas con el trabajo, nuestro cerebro está en constante sobrecarga.

Eso no es saludable. El cerebro necesita descansar. La sobreestimulación lo hace menos eficaz, perjudicando su rendimiento.

. . .

Con numerosos factores externos que exigen la atención del adicto, éste se vuelve menos capaz de concentrarse y más susceptible a las distracciones. Además, el continuo bombardeo de medios de comunicación dificulta su capacidad para almacenar información nueva -y recordar la antigua-. Muchos adictos a la tecnología también tienen dificultades para tomar decisiones. Son bombardeados con detalles y, por tanto, se paralizan por la incertidumbre.

Tu cerebro necesita descansar. Si te has esforzado mentalmente, necesita recuperarse para poder rendir bien después. Dejar de usar el teléfono y otros dispositivos le dará a su cerebro el tiempo de inactividad que tanto necesita.

#15 - Desarrollarás un mejor control de los impulsos

Si hay una cosa con la que los adictos a la tecnología luchan, es el control de los impulsos. El control de los impulsos es lo que nos permite tomar decisiones racionales con respecto a nuestros recursos limitados (por ejemplo, tiempo, dinero, etc.) a la luz de nuestras necesidades y deseos.

Por ejemplo, digamos que has quedado con tus padres para desayunar. Por desgracia, eres adicto a las redes sociales. Si tienes un buen control de los impulsos, podrás ignorar las notificaciones que te avisan de nuevas publicaciones en Facebook y quedar con tus padres a tiempo. Si no controlas bien tus impulsos, comprobarás todas las notificaciones que te lleguen, retrasándote y haciendo que llegues tarde a tu cita para desayunar.

Hay todo un campo de la psicología dedicado a los mecanismos relacionados con el control de los impulsos. Para los fines de esta guía de acción, basta con decir que la sobreexposición a la tecnología es un factor que contribuye a su disminución entre millones de personas.

La investigación científica apoya la conexión.

En 2016, la revista Psychonomic Bulletin & Review publicó un estudio que mostraba que el uso excesivo del teléfono estaba relacionado con un mal control de los impulsos y una menor disposición a retrasar la gratificación.

Si luchas con este problema, ten por seguro que puedes aprender a controlar tus impulsos. Esa es una de las ventajas de pasar por una desintoxicación digital. No tendrás acceso a los dispositivos que alimentan tu hábito. No es tu culpa Si estás luchando con una adicción al teléfono o a Internet, es importante que te des cuenta de que no es tu culpa.

Nuestros teléfonos, iPads y ordenadores portátiles forman parte de nuestra experiencia diaria. Es casi imposible vivir sin ellos porque se espera que estemos localizables en todo momento.

Además, si no interactuamos con nuestros compañeros a través de los medios digitales, ya sea mediante mensajes de texto, correos electrónicos o redes sociales, nos sentimos desconectados. Incluso aislados. La realidad es que nuestros aparatos de alta tecnología están formando un muro entre nosotros y las personas que son importantes para nosotros. Cuanto más tiempo pasamos en línea, más alto y grueso se vuelve el muro.

· · ·

Nos arriesgamos a dañar las relaciones que compartimos con nuestros amigos y seres queridos y, en consecuencia, a obstaculizar nuestro crecimiento personal y nuestra felicidad.

Afortunadamente, hay una solución. El resto de esta guía de acción te llevará a través de los pasos de una desintoxicación digital. Vamos a avanzar rápidamente para que puedas planificar y ejecutar tu propia desintoxicación lo antes posible. En el próximo capítulo, te explicaré lo que debes esperar de la experiencia.

9

Qué Esperar Durante La
Desintoxicación Digital

COMO MENCIONÉ en el último capítulo, pasar por una desintoxicación digital puede ser desagradable. Experimentarás síntomas de abstinencia, al igual que un alcohólico o un drogadicto en rehabilitación. El sistema de recompensa de tu cerebro se ha acostumbrado a tu adicción. Cortar la fuente de tu adicción está destinado a desencadenar antojos. Si es tu primera desintoxicación digital, te resultará útil anticiparte a los síntomas que probablemente experimentarás. Los trataré a continuación. A continuación, describiré cómo te sentirás después de haber completado la desintoxicación.

Síntomas que experimentarás durante tu desintoxicación digital

La tecnología te da una sensación de gratificación inmediata.

Como ya hemos dicho, es el resultado de la dopamina que inunda tu cerebro. Cada vez que sucumbes a la compulsión de usar tu teléfono y otros dispositivos, refuerzas la expectativa de gratificación futura de tu cerebro. Así es como un hábito se convierte en una adicción.

Cuando eliminas la fuente de esa liberación de dopamina, tu cerebro se rebela. Organiza un motín, desencadenando síntomas que te presionan para ceder a tu dependencia.

A continuación se enumeran los síntomas a los que probablemente te enfrentarás.

Ansias por tu teléfono

Esto va más allá de simplemente desear tu teléfono. Experimentarás un profundo y voraz anhelo por él. Sentirás que no estás preparado para afrontar el día sin él.

En varios momentos del día, es posible que busques instintivamente tu teléfono para darte cuenta de que no está ahí (su ausencia es la clave para una desintoxicación eficaz). Eso provocará una sensación inmediata de decepción, que no hará más que avivar tu anhelo por él.

Síndrome del teléfono fantasma

Sentirás que tu teléfono vibra en tu bolsillo aunque no esté en él. Oirás tu teléfono sonar a pesar de que lo has apagado.

. . .

Son fantasmas. Los científicos afirman que son el resultado de una mala interpretación de la información sensorial por parte del cerebro. Los psicólogos afirman que las vibraciones y los timbres fantasma son el resultado de la ansiedad derivada de la privación. Es decir, tu cerebro, privado de la gratificación que se produce cuando usas el teléfono, experimenta estrés. El estrés hace que malinterprete la información sensorial.

Ansias de acceder a Internet

Si pasas la mayor parte del día y de la noche conectado, pasar varias horas sin conexión es casi seguro que desencadenará signos de abstinencia. Te sentirás ansioso y buscarás oportunidades para acceder a Internet. Te sentirás cada vez más agitado y desubicado si no puedes hacerlo.

Si los demás están mirando sus teléfonos, mirarás por encima de sus hombros para ver las pantallas de sus teléfonos. Si los demás están trabajando con sus portátiles, mirarás casualmente -o no casualmente, dependiendo de tu nivel de ansiedad- sus pantallas para ver lo que están leyendo.

Tus ansias pueden ser tan fuertes que te sientes incapaz de funcionar. Pero eso es un espejismo. Es tu cerebro haciendo todo lo posible para presionarte a ceder a tu adicción.

Irritabilidad y mal humor

. . .

Estos dos síntomas son comunes en todos los adictos que se someten a una desintoxicación. Juntos, pueden poner al adicto, junto con las personas que ama, en una montaña rusa emocional.

Hay algunas teorías sobre lo que desencadena la irritabilidad y el mal humor. Algunos expertos afirman que la adicta se dedica a su compulsión -por ejemplo, el uso excesivo de su teléfono- para escapar de sus emociones. Cuando se le priva de esa actividad, sus emociones vuelven a inundarla y la abruman.

Otros expertos señalan que la desintoxicación hace que la mente del adicto sea más frágil. Junto con los intensos antojos derivados del síndrome de abstinencia, es menos capaz de manejar las circunstancias vejatorias.

Es probable que experimentes estos mismos síntomas. Su gravedad dependerá del grado de adicción a la tecnología.

Dolores de cabeza

Los dolores de cabeza también son comunes durante una desintoxicación digital. Suelen ser consecuencia de la tensión.

La ansiedad que sentirás durante las primeras etapas de la desintoxicación puede hacer que te duela literalmente la cabeza.

Es probable que los dolores de cabeza desaparezcan poco después de empezar la desintoxicación. Eso es normal. Cuanto más tiempo pases alejado de tus aparatos y de Internet, más se acostumbrará tu cerebro al "silencio". A medida que lo haga, la tensión se disipará.

Somnolencia

Cuando utilizas el teléfono y otros dispositivos, probablemente te parezca que estás fresco y muy despierto. En realidad, estás estimulando tu cerebro y te niegas a dejarlo descansar.

Esta es una de las razones por las que muchos adictos a la tecnología que se someten a una desintoxicación digital experimentan somnolencia. Sin los aparatos que les proporcionan una estimulación constante, sus cerebros pueden finalmente relajarse.

Otra razón de la somnolencia es que los adictos a la tecnología suelen tener dificultades para dormir. La falta de sueño reparador les acaba afectando. En ausencia de sus dispositivos, sus cerebros se toman un muy necesario respiro.

Incapacidad para concentrarse

Durante una desintoxicación digital, es común tener dificultades para pensar con claridad. Esto es doblemente cierto si es tu primera desintoxicación. No estarás acostumbrado a la confusión en tu mente durante las primeras etapas.

La incapacidad de concentrarse se debe a la forma en que tu cerebro se ha adaptado a tus compulsiones relacionadas con la tecnología. Se ha acostumbrado a su adicción. Cuando te desconectas del teléfono, de Internet, de la videoconsola y de otros dispositivos, tu cerebro se ve obligado a hacer ajustes. Esto provoca una niebla mental.

Puedes tener problemas para recordar cosas y procesar nueva información. Tu capacidad de atención puede disminuir, ya que tus pensamientos son arrastrados en numerosas direcciones. Puedes sentirte ligeramente desorientado e incluso tener problemas para comunicarte.

Estos síntomas suelen presentarse durante las primeras etapas de una desintoxicación digital. Es importante recordar que son temporales. Una vez que se disipen, te sentirás mucho mejor.

En el próximo capítulo, describiré cómo te sentirás después de haber completado la desintoxicación.

10

Cómo Te Sentirás Después De Tu
Desintoxicación Digital

UNA VEZ que hayas terminado tu desintoxicación, disfrutarás de varios beneficios que antes te parecían extraños. He aquí una muestra de lo que puedes esperar:

Te sentirás más conectado con los demás

Sin que la tecnología domine tu atención, podrás mantener mejor el contacto visual, escuchar con más atención y disfrutar de conversaciones más significativas. Creará vínculos más fuertes con sus amigos y familiares. Conectarás más fácilmente con desconocidos.

Descubrirás que las "amistades" superficiales que has formado en Internet -por ejemplo, en Facebook- palidecen en comparación. No tienen la misma profundidad ni la misma intimidad.

Tendrá una sensación de paz interior

. . .

Si vives pendiente de tu teléfono u ordenador, probablemente te sientas acosado. Es normal entre los adictos a la tecnología.

La presión constante para responder a los mensajes de texto y a los correos electrónicos, combinada con la gran cantidad de información que recibes las 24 horas del día, provoca estrés.

Puede que hayas atribuido el estrés a tu trabajo, a tu situación económica o a cualquier otra obligación personal. Si bien es cierto que estos elementos pueden ser factores de estrés en tu vida, la sensación de ansiedad que sientes se ve exacerbada por tu uso excesivo de la tecnología.

Cuando renuncies a tus gadgets, aunque sea temporalmente, experimentarás una sensación de calma. Todo el mundo lo hace. Te librarás de la agitación constante que supone el uso compulsivo de tus dispositivos.

Te sentirás libre de las expectativas de los demás

Piensa en cómo respondes a los mensajes de texto, los correos electrónicos y las llamadas telefónicas. ¿Responde a los mensajes y devuelve las llamadas inmediatamente? ¿Esperas que te cuestionen si no lo haces en una hora? ¿Le piden a veces explicaciones si hace esperar a la gente unas horas, o incluso un día entero, antes de responder?

Una de las mayores ventajas de "desconectar" es que eliminarás el peso de las expectativas de los demás sobre tu tiempo de respuesta. Les obligarás a ajustar sus expectativas.

Esto puede parecer poco importante. Pero considera la libertad que te da. Ya no te sentirás presionado para responder al instante a los mensajes de texto. Te sentirás cómodo dejando que los correos electrónicos que no son críticos se queden en el tintero durante 24 horas. Te sentirás cómodo devolviendo las llamadas según tu horario y no el de la persona que te llama.

Disfrutará de un renovado interés por las aficiones olvidadas

¿Solía disfrutar de una afición que ahora ha quedado relegada al montón de "cuando tenga tiempo"? Tal vez le guste la jardinería, la pintura, la escritura o los rompecabezas. Tal vez disfrutaba con el senderismo, la observación de aves o la carpintería.

Sean cuales sean tus intereses anteriores, ya no los haces. Y si eres como la mayoría de la gente, probablemente te digas a ti mismo que te falta tiempo.

Pero es probable que tu adicción a la tecnología haya jugado un papel importante. Tu tiempo, tu atención y tu energía, antes dedicados a tus aficiones, están ahora dedicados a tu teléfono y a las actividades online.

Como ya se ha dicho, una desintoxicación digital corta la conexión. Restablece tus patrones de comportamiento. Una vez que hayas completado la desintoxicación, puede que descubras que los pasatiempos que antes te interesaban son más convincentes que la compulsión de usar tus dispositivos.

Experimentarás la alegría de perderte algo

En el capítulo Razones por las que eres adicto a la tecnología, mencioné el miedo a perderse algo como un factor que contribuye a tu adicción. Es la fobia a perderse una experiencia gratificante. Esta sensación constante de angustia impulsa a muchos adictos a la tecnología a permanecer "conectados". Por desgracia, al hacerlo se crea una sutil y continua corriente subterránea de ansiedad en sus vidas.

Después de completar una desintoxicación digital, experimentará el efecto contrario: la alegría de perderse. Ya no te importará estar informado de la última actualidad. No te importará estar "al tanto" de las mejores fiestas de tu ciudad. Perderás el interés en comprobar constantemente si hay mensajes nuevos en tu teléfono por si tus amigos están haciendo algo divertido sin que tú lo sepas.

El placer de perderse le permite relajarse y disfrutar de su tiempo de inactividad. Apreciarás la tranquilidad y la soledad, e incluso aprenderás a valorar actividades que antes te parecían aburridas, por ejemplo, leer una buena novela.

Si estos beneficios te parecen atractivos, date cuenta de que están a tu alcance. Puedes mejorar tus relaciones y disfrutar de una sensación de calma interior. Puedes restablecer las expectativas de los demás sobre ti, reavivar tu pasión por aficiones olvidadas y experimentar el estado relajado y sin estrés que acompaña a la alegría de perderse. ¿Cómo? Haciendo una desintoxicación digital.

Los siguientes capítulos le mostrarán cómo prepararse para la experiencia. Cada uno de ellos es breve y abarca un solo paso. Están organizados de tal manera que podrás encontrarlos fácilmente en el futuro.

11

Cómo Prepararse Para Una Desintoxicación Digital

AL IGUAL que con la superación de cualquier adicción o la ruptura de cualquier tipo de comportamiento compulsivo, la eliminación de la dependencia de la tecnología requiere un plan. Necesitas establecer las cosas adecuadamente para apoyar tu esfuerzo.

Ése es el propósito de los siguientes nueve pasos. Minimizarán los efectos negativos de la desconexión: por ejemplo, la frustración de tus amigos por no poder contactar contigo a través de mensajes de texto. También te ayudarán a resistir las tentaciones a las que te enfrentarás en ausencia de tus dispositivos favoritos y del acceso a Internet.

Vamos a pasar rápidamente por estos nueve pasos preparatorios. No los descartes por su sencillez. Cada uno es importante. Juntos, te ayudarán a completar con éxito tu desintoxicación digital.

PASO DE PREPARACIÓN 1: CREAR UN PLAN DE DESINTOXICACIÓN DIGITAL

Hágase dos preguntas. Primero, ¿cuánto tiempo durará tu desintoxicación digital? En segundo lugar, ¿cuándo se adaptará mejor a tu horario?

Muchas personas que luchan contra la adicción a la tecnología son demasiado agresivas a la hora de decidir la duración de sus desintoxicaciones. Por ejemplo, planean desconectarse durante una semana entera, o incluso más.

Su entusiasmo es comprensible. Están cansados de permitir que sus aparatos dirijan sus vidas y quieren romper por fin el hábito. Pero sus expectativas son poco realistas.

A menos que te vayas de vacaciones, un ayuno tecnológico de 7 días es poco práctico. Después de todo, si eres como la mayoría de la gente, necesitas acceder a tu ordenador para hacer tu trabajo. También necesitas tu teléfono para que tu jefe y tus compañeros de trabajo puedan localizarte en caso de emergencia laboral.

He aquí una alternativa: en lugar de planificar una desintoxicación digital de 7 días, planifica una que dure sólo 24 horas.

La mayoría de la gente puede incluir eso en sus fines de semana.

Esto nos lleva a la segunda pregunta, relativa a cuándo su horario se adaptará mejor a su desintoxicación.

· · ·

Suponiendo que trabajes de lunes a viernes, los fines de semana serán tu mejor opción.

Elige un día y márcalo en tu calendario. Así te asegurarás de recordarlo. Ponerlo en el calendario a la vista también hará que tu cerebro se prepare para ello.

Una desintoxicación digital no es un asunto de una sola vez. Nuestras vidas están tan inmersas en la tecnología que es útil hacer una desintoxicación dos o tres veces al año. La primera vez, haz una desintoxicación de 24 horas. Una vez que hayas experimentado sus beneficios, no dudes en ampliar las futuras desintoxicaciones a 48 horas, e incluso a 72 horas durante un fin de semana de tres días.

Una nota rápida: siéntase libre de usar su Kindle o Nook durante su desintoxicación, pero limite su uso a la lectura de libros. Si tienes un Kindle Fire, déjalo a un lado hasta que completes tu desintoxicación. ¿Por qué? Porque el Fire está diseñado para ofrecer mucho más que libros. Te permite ver películas, escuchar música, utilizar aplicaciones y jugar. En resumen, supondrá una tentación demasiado grande.

PASO DE PREPARACIÓN 2: ELIMINAR LAS APLICACIONES DE LAS REDES SOCIALES DE TU TELÉFONO

Este paso puede parecer exagerado. Después de todo, si vas a dejar de lado tu teléfono, ¿por qué tendrías que deshacerte de tus aplicaciones de redes sociales? Por dos razones. En primer lugar, sé por experiencia lo difícil que es ignorar el teléfono durante una desintoxicación. Es como un apéndice más. Te sientes incompleto sin él. Tu primer instinto será echar mano del teléfono cuando sientas antojos. En caso de que eso ocurra, tendrás menos tentaciones de entrar en Facebook, Twitter y Pinterest si esas aplicaciones han sido eliminadas.

La segunda razón para eliminar estas aplicaciones es que al hacerlo se eliminan sus respectivas notificaciones push. Estas son las alertas que te avisan de las actualizaciones en Facebook y otras redes sociales.

Puede que pienses: "Si mi teléfono está apagado, ¿por qué tengo que preocuparme por las notificaciones? No las veré ni las oiré". Porque las emergencias ocurren. En caso de emergencia, tendrás una razón válida para usar tu teléfono -por ejemplo, para asegurarte de que tus hijos están bien- durante tu desintoxicación. El problema es que, cuando lo enciendas, aparecerán las notificaciones de tus aplicaciones de redes sociales, lo que disparará tu miedo a perderte algo. Si estás obsesionado con Facebook y Twitter, necesitarás una cantidad ingente de fuerza de voluntad para resistir la tentación de consultarlas.

Lo mejor es eliminar las aplicaciones de tu teléfono para evitar la tentación por completo. Hay muchas aplicaciones diseñadas para bloquear las notificaciones o el acceso a las redes sociales durante un tiempo determinado. El problema es que puedes anularlas. Y dada tu obsesión por la tecnología, es muy probable que lo hagas.

. . .

Imagina que eres adicto al helado y pones un candado en tu congelador. Si tienes la llave, es muy probable que quites el candado cuando sientas fuertes antojos. La fuerza de voluntad no es suficiente. Por lo tanto, lo mejor es quitar el helado por completo. El mismo principio se aplica para vencer tu adicción a la tecnología.

En resumen: elimina tus aplicaciones de redes sociales. Siempre puedes volver a instalarlas después de completar tu desintoxicación digital. O si eres como yo, descubrirás que la vida es más agradable sin ellas.

PASO DE PREPARACIÓN 3: CREAR UN MENSAJE DE CORREO ELECTRÓNICO FUERA DE LA OFICINA

Si normalmente estás localizable por correo electrónico, tus amigos, familiares y compañeros de trabajo se preguntarán dónde estás durante tu desintoxicación. Se darán cuenta de que no responden a sus correos electrónicos con la rapidez que esperaban de ti. La solución es crear un mensaje de fuera de la oficina en tu programa de correo electrónico.

Este mensaje se enviará de forma automática e inmediata cada vez que recibas un correo electrónico. El remitente recibirá el mensaje informándole de que vas a estar fuera de tu ordenador hasta una fecha determinada.

. . .

¿Qué debe incluir en su mensaje fuera de la oficina? El mensaje debe ser sencillo, breve y claro. He aquí algunos ejemplos (siéntase libre de utilizarlos):

Ejemplo n° 1 (directo): "Gracias por su correo electrónico. Estoy fuera de mi oficina y tengo acceso limitado al teléfono y al ordenador. Te responderé cuando vuelva el 17 de septiembre".

Ejemplo #2 (Un contacto alternativo): "Gracias por su correo electrónico. Estaré fuera de la oficina del 7 al 9 de julio. Le responderé cuando vuelva a mi mesa. Si se trata de una emergencia, envíe un correo electrónico a Sharon a sharon@acmecorp.com".

Ejemplo #3 (divertido y honesto): "Gracias por tu correo electrónico. Actualmente estoy en una desintoxicación digital para reclamar mi vida del teléfono, el correo electrónico y varios gadgets. Me pondré en contacto contigo el 24 de agosto".

Ejemplo #4 (Un poco de sarcasmo): "Gracias por su correo electrónico. Ahora mismo estoy en mi bar favorito buscando la iluminación en el fondo de una botella de Johnnie Walker.

Te responderé cuando vuelva a mi mesa. O tal vez no. Borrar correos electrónicos es más fácil cuando estoy borracho".

Tu mensaje fuera de la oficina, ya sea directo, divertido o sarcástico, restablecerá las expectativas de los demás sobre cuándo tendrán noticias tuyas. Esto protege tu reputación durante la desintoxicación. No pensarán que no respondes por pereza o por despecho.

PASO DE PREPARACIÓN 4: CREA UNA LISTA DE ACTIVIDADES QUE HARÁS DURANTE TU DESINTOXICACIÓN DIGITAL

Habrás oído el dicho "las manos ociosas son el taller del diablo". Ese es ciertamente el caso cuando se trata de tu desintoxicación digital. Tienes que centrar tu atención en algo que no sean tus dispositivos. De lo contrario, la tentación de recuperarlos puede resultar irresistible. Planifica actividades para hacer mientras estás desconectado. Por ejemplo, quizá hayas querido mejorar tus habilidades culinarias. Ahora es el momento de hacerlo. Tal vez te hayas propuesto plantar un jardín. Es una buena forma de pasar el tiempo libre durante la desintoxicación.

Mucha gente aprovecha el tiempo para reencontrarse con amigos y familiares. Planean citas para comer y disfrutan de la interacción cara a cara. Tanto si decides mejorar tu cocina, plantar un jardín o reunirte con tus seres queridos, lo importante es que tengas algo que hacer.

No esperes a quedarte sin teléfono y sin acceso a Internet para hacer una lluvia de ideas. Hazlo de antemano. Escribe una lista de 10 proyectos que te interesen. No tienes que hacerlos todos. Sólo tienes que tener la lista a mano para poder elegir las actividades según tu estado de ánimo.

Puedes llevar esta idea un paso más allá programando actividades durante tu desintoxicación. Por ejemplo, queda con un amigo para comer y anótalo en tu calendario. Llama a un hermano y elige una hora para quedar a desayunar. Reserva una hora para jugar a cocinar, trabajar en el jardín, tocar la guitarra, dibujar o ir de excursión. Anótalo en tu calendario y trátalo como una cita. Al llenar tu tiempo con actividades atractivas, estarás menos inclinado a rendirte a la tentación de recuperar tus aparatos.

PASO DE PREPARACIÓN 5: CUENTE A SUS AMIGOS Y FAMILIARES SU DESINTOXICACIÓN DIGITAL

Hay dos razones para decirle a la gente de tu vida que estás planeando hacer una desintoxicación digital. En primer lugar, restablece sus expectativas, una dinámica de la que hemos hablado antes. En segundo lugar, crea responsabilidad. La gente se forma expectativas basadas en tus acciones. Si haces algo una y otra vez, esperarán que hagas lo mismo en el futuro.

Por ejemplo, piense en la rapidez con la que responde a los mensajes de texto.

Si normalmente respondes en cuestión de segundos, las personas con las que te comunicas normalmente a través de mensajes de texto esperarán siempre una respuesta rápida por tu parte. Si no respondes a los mensajes de texto en lo que ellos consideran un tiempo "normal", pensarán que algo va mal.

Al decirle a tus amigos y familiares que planeas pasar tiempo lejos de tus dispositivos, los obligas a reajustar sus expectativas. Hablamos de esta idea brevemente en el Paso 3 de la preparación:

Crear un mensaje de correo electrónico fuera de la oficina. Aquí tiene la misma aplicación.

Contárselo a tus amigos y familiares también te hace responsable. Los psicólogos conductuales saben desde hace tiempo que si contamos nuestros planes a los demás es más probable que los cumplamos. Lo hacemos para evitar la vergüenza que esperamos sufrir por parte de nuestros amigos y familiares si fracasamos.

Por ejemplo, recuerde la última vez que declaró su intención de abandonar un mal hábito (por ejemplo, fumar, darse un atracón de comida basura, etc.). Tal vez se lo dijo a su cónyuge.

O, si se siente aventurero, lo publicó en Facebook.

¿Recuerdas cómo el simple hecho de decírselo a los demás te motivaba a cumplir tu objetivo? No querías tener que admitir el fracaso. Y por eso te esforzaste en hacer lo que decías que ibas a hacer.

Aprovecha esa misma psicología del comportamiento para asegurarte de que cumples con tu desintoxicación digital.

Cuéntale a tus amigos y familiares tu plan. Publícalo en Facebook. Aprovecha la presión social para mantenerte desconectado. Verás que si lo haces te resultará más fácil resistir las ansias de usar tus dispositivos favoritos.

PREPARA EL PASO 6: HAZ UNA LISTA DE LOS POSIBLES

RETOS A LOS QUE TE ENFRENTARÁS DURANTE TU DESINTOXICACIÓN DIGITAL

Hemos hablado de algunos de los obstáculos a los que te enfrentarás en el capítulo Qué esperar durante y después de tu desintoxicación digital. Es importante escribirlos y tener la lista delante de ti. De este modo, te anticiparás a ellos y podrás abordarlos de forma productiva cuando aparezcan.

Por ejemplo, si eres adicto al teléfono, probablemente experimentarás un efecto conocido como síndrome del teléfono fantasma durante tu desintoxicación. Es cuando crees que tu teléfono está sonando o vibrando cuando, en realidad, no es así. Si prevé que experimentará este tipo de falsa alarma, puede tomar medidas para controlarlo -o al menos ignorarlo-.

De lo contrario, será una frustración constante.

Si tienes una lista de posibles retos delante de ti, evitarás que te sorprendan. Por el contrario, los conocerás antes de que se produzcan. Eso te da la oportunidad de idear estrategias compensatorias para afrontarlos.

PASO DE PREPARACIÓN 7: ASEGÚRESE DE TENER ACCESO A LOS RECURSOS IMPORTANTES

Dependemos tanto de Internet que tendemos a darlo por sentado. Olvidamos el papel tan importante que desempeña en nuestra experiencia diaria. Sólo cuando nos quedamos sin acceso -por ejemplo, cuando se va la luz en nuestras casas- nos damos cuenta de su valor.

Esta dependencia puede sabotear tu desintoxicación digital. Si eres como yo, te has acostumbrado tanto a tener la información al alcance de la mano que rara vez, o nunca, anotas las cosas. Después de todo, ¿qué sentido tendría? Puedes recuperar la información en tu teléfono o en tu portátil.

Pero durante tu desintoxicación, no tendrás acceso a tus dispositivos. Si no anotas la información que vas a necesitar mientras estás desconectado, te verás obligado a prescindir de ella.

O te sentirás obligado a coger tu teléfono, rompiendo efectivamente tu desintoxicación. Ninguno de los dos resultados es aceptable. Y lo que es más importante, ambos son evitables.

En primer lugar, haz una lluvia de ideas sobre el tipo de información que necesitarás durante la desintoxicación. Por ejemplo, ¿piensa cocinar una comida siguiendo una receta específica? ¿Tiene intención de viajar a un destino para el que necesitará instrucciones de conducción?

Una vez que hayas identificado la información que vas a necesitar, búscala en Internet. Imprímela o anótala. Así la tendrás al alcance de la mano y no necesitarás el teléfono o el portátil para buscarla después.

. . .

Además, piense en las tareas que necesitará hacer antes de que comience la desintoxicación para poder disfrutar de ciertas actividades durante la misma. Por ejemplo, ¿espera visitar un restaurante popular? Si es así, busque el número de teléfono del local y haga una reserva con antelación. ¿Tiene la intención de leer un libro específico en su Kindle mientras está alejado de sus otros aparatos? Si es así, compra el libro con antelación para que te espere en tu Kindle.

Si tienes los recursos que necesitas, estarás menos inclinado a sucumbir a los antojos de tus gadgets mientras estás en tu retiro digital.

PASO DE PREPARACIÓN 8: COMPROMÉTETE A CUMPLIR CON TU DESINTOXICACIÓN DIGITAL

Romper una adicción requiere un compromiso. Comprometerse da prioridad a tus esfuerzos. Indica que estás dispuesto a sacrificar algo para conseguir el resultado deseado.

En el caso de la desintoxicación digital, comprometerse implica sacrificar el teléfono y otros aparatos para dejar de depender de ellos. ¿Influye realmente el compromiso con un proyecto en nuestros comportamientos y actitudes hacia él? Las investigaciones indican que sí. En 2013, la revista Environment & Behavior publicó resultados que sugieren que comprometerse conduce a un cambio de comportamiento a largo plazo en la mayoría de las personas. Otros estudios demuestran que comprometerse no solo influye en nuestros comportamientos y actitudes, sino que nos impulsa a actuar con mayor constancia.

Antes de empezar tu desintoxicación digital, comprométete de verdad con ella. Revisa las razones por las que lo haces (es decir, para romper tu adicción y dependencia de tus dispositivos). Considera los retos y obstáculos a los que te enfrentarás (por ejemplo, antojos, mal humor, incapacidad para concentrarte, etc.). Piensa en las formas en que tu vida mejorará después de completar con éxito la desintoxicación. Disfrutarás de relaciones más sólidas, más tiempo libre y mayor productividad.

Pensar en estos aspectos te ayudará a sopesar los beneficios que disfrutarás como resultado de tu desintoxicación frente a los inconvenientes de hacerla. Necesitas tener esa perspectiva equilibrada para poder comprometerte contigo mismo.

Algunas personas llevan la idea de comprometerse a una desintoxicación digital un paso más allá. Crean un contrato con un amigo. El contrato detalla los parámetros de la desintoxicación y las consecuencias que se impondrán si se produce una recaída. La penalización por ceder a los antojos puede adoptar la forma de una fianza en efectivo. Por ejemplo, el adicto se compromete a pagar a su amigo 50 dólares o promete hacer una donación a una causa o a una organización benéfica que detesta. La única limitación es la creatividad de las partes implicadas.

Es posible que tengas la tentación de saltarte este paso porque dudas de su valor. No subestimes el poder de comprometerte con tu desintoxicación digital. Puede significar la diferencia entre

completarla con éxito y echar mano del teléfono y otros dispositivos cuando aparezcan los primeros antojos.

PASO DE PREPARACIÓN 9: ¡MOTIVACIÓN E INSPIRACIÓN!

En el paso anterior, te recomendé que pensaras en tus razones
para hacer una desintoxicación. Solo eso debería darte la motivación y la inspiración que necesitas para completarla.

Pero hay otras formas de emocionarse que te ayudarán a
mantener el entusiasmo durante toda la prueba. Aquí tienes
algunas ideas...

En primer lugar, lee o escucha las experiencias de otras personas
que hacen una desintoxicación digital. Deberías encontrar
muchas en diversos foros y búsquedas en Google.

También puedes preguntar a tus amigos y compañeros si conocen
a alguno que quiera hablar contigo sobre la adicción a la
tecnología.

En segundo lugar, hay que enfrentarse a los pensamientos negativos en el momento en que aparecen. Siempre que intentamos
superar una adicción o dejar un mal hábito, una vocecita en
nuestra cabeza hace comentarios derrotistas. A veces la voz es
sutil. Sugiere suavemente que disfrutaríamos más si alimentá-
ramos el hábito que estamos tratando de romper.

· · ·

Otras veces, es agresivo. Intenta convencernos de que nunca seremos capaces de romper con éxito nuestra adicción. Por tanto, intentar hacerlo desconectándonos de nuestros dispositivos es una pérdida de tiempo y esfuerzo.

Estos pensamientos negativos agotarán tu energía. Eso, a su vez, erosionará tu motivación para completar tu desintoxicación digital. Es importante enfrentarse a estos pensamientos directamente para evitar que se afiancen en tu mente.

Cuando la voz de tu cabeza haga comentarios cínicos, destiérralos inmediatamente. No los consideres. No los debatas. No negocies. Simplemente, aléjalos.

Una tercera forma de inspirarte en tu desintoxicación es meditar sobre ella. Esta sugerencia puede sonar extraña. Si es así, puede que tengas una falsa impresión de lo que es la meditación. No es necesario que te sientes en el suelo, cruces las piernas y cantes con el incienso ardiendo de fondo. No necesitas un silencio total. No necesitas cerrar los ojos y concentrarte en una imagen que te dé poder.

En el fondo, la meditación no es más que pensar en algo con concentración. Es la contemplación. Si alguna vez has dado un paseo tranquilo y has dedicado el tiempo a reflexionar sobre algo, ya lo has hecho.

· · ·

Hazlo para tu desintoxicación digital. Imagina cómo te sentirás durante la misma. Piensa en los retos a los que te enfrentarás y visualiza cómo los superas. Te sorprenderá cómo unos pocos minutos de contemplación tranquila pueden inspirarte para tener éxito.

Este es el último de los nueve pasos para preparar tu desintoxicación digital. Todo lo que hemos cubierto hasta ahora en esta guía de acción ha sido en previsión de la siguiente sección.

Ahora estás listo para dejar de lado tus aparatos y cosechar los beneficios de una vida sin ataduras a la tecnología.

12

10 Pasos Para Hacer Una
Desintoxicación Digital Completa

ABANDONAR EL TELÉFONO, la tableta, la videoconsola y el acceso a Internet va a ser un shock para tu sistema.

Tu cerebro se ha acostumbrado al subidón de dopamina que experimenta cada vez que alimentas tu adicción. No querrá renunciar a esa sensación. Es de esperar que tu cerebro se rebele, desencadenando intensas ansias por las cosas a las que has renunciado temporalmente.

La clave para una desintoxicación digital exitosa es crear un entorno que minimice las posibilidades de recaída. Tienes que aislarte para poder resistir las tentaciones de ceder.

Eso es lo que consiguen los siguientes 10 pasos. Cada uno de ellos se encarga de cortar tu conexión con tus dispositivos y con Internet. Empecemos con tu teléfono...

PASO 1: ENTERRAR EL TELÉFONO

Apagar las notificaciones del teléfono no es suficiente.

Tampoco lo es apagar el teléfono por completo. Tienes que ponerlo en algún lugar fuera de la vista y, con suerte, fuera de la mente.

Si mantienes tu teléfono cerca durante tu desintoxicación digital, tendrás la tentación de usarlo. Es la naturaleza humana. Si eres adicto a algo, tu cerebro hará todo lo posible para obligarte a actuar según tus compulsiones.

Comienza con la racionalización ("¿Cuánto te va a doler realmente mirar tu teléfono sólo esta vez?"). Progresa hasta hacer pensamientos derrotistas ("Vas a fracasar, así que más vale que mires el teléfono"). Finalmente, consigue desgastar al adicto y lo convence de alimentar su hábito.

No subestimes la capacidad de tu cerebro para persuadirte de hacer lo que desea. Es muy astuto. Sabe que estás obsesionado con tu teléfono y utilizará todas las tácticas a su alcance para convencerte de que lo uses.

La solución es enterrar tu teléfono (no literalmente). Métela en un cajón de la cómoda.

. . .

Colócalo en el fondo del armario de tu habitación. Dáselo a tu cónyuge. Lo más importante es evitar que lo vea. Fuera de la vista, fuera de la mente.

¿Y si utilizas tu teléfono como despertador por la mañana? ¿Debes hacer una excepción y dejarlo en tu mesita de noche para ese fin? Por supuesto que no. Será una tentación demasiado grande.

Compra un reloj despertador barato para utilizarlo durante tu desintoxicación. Un pequeño modelo de viaje no debería costar más de 10 dólares. Te permitirá poner tu teléfono fuera de la vista, ayudándote a resistir los inevitables antojos que experimentarás.

PASO 2: OCULTAR LA TABLETA

Si tienes un iPad, Samsung Galaxy Tab, Microsoft Surface Pro o cualquier otra tableta, tienes un dispositivo diseñado para consumir medios digitales.

Claro que es posible utilizarlo de forma productiva. Puedes enviar correos electrónicos con él. Puedes crear hojas de cálculo. Incluso puedes escribir un libro (aunque tendrás que usar un teclado externo para esa tarea). Pero la mayor parte de tu tiempo la pasarás viendo vídeos, jugando, visitando Facebook y leyendo artículos, blogs y otros contenidos escritos.

· · ·

En otras palabras, la usarás para consumir varios tipos de medios. Para eso están hechas las tabletas. Y esa es la razón por la que debes ocultar tu tableta junto con tu teléfono.

Es más fácil decirlo que hacerlo. Es muy probable que uses tu iPad o Surface Pro durante todo el día. Es posible que lo tengas siempre a tu lado, tanto si estás trabajando en tu oficina, como si estás descansando en tu sofá o (jajaja) visitando el baño.

Por eso debe estar fuera de la vista durante tu desintoxicación.

Su uso constante probablemente ha contribuido a su adicción a la tecnología. Como cualquier droga, debes tener cero acceso a ella mientras estás desconectado.

PASO 3: DESENCHUFAR EL ORDENADOR

No puedo pasar por delante de un ordenador sin querer saltar al teclado. Es una debilidad. Guarda tu portátil. Vivo mi vida en el ordenador. Si mi casa se incendiara, lo primero que cogería sería mi Macbook Air y mi disco duro externo (después de asegurarme de que mi mujer está a salvo, por supuesto).

Nada más se acerca en términos de prioridad. Antiguamente, trabajaba en un ordenador de sobremesa. Incluso entonces, estaba obsesionado. Me encontraba gravitando hacia él independientemente de lo que estuviera haciendo en ese momento.

Siempre había un propósito. Por ejemplo, buscaba algo en

Internet, actualizaba una hoja de cálculo o escribía parte de un artículo o un libro. El caso es que era adicta. Había momentos en los que estaba cocinando y corría a la oficina de mi casa para meterme en el ordenador durante los 60 segundos que tenía a mi disposición. Tenía cero control de los impulsos.

Así que este es mi consejo: si utilizas un ordenador de sobremesa, desconéctalo antes de empezar tu desintoxicación digital. Apágalo. Completamente. No te limites a ponerlo en modo de espera. Apágalo. De lo contrario, supondrá una tentación demasiado grande cuando intentes mantenerte desconectado. Hablo por experiencia.

PASO 4: DESCONECTAR EL ORDENADOR DE LA OFICINA DE INTERNET

El momento ideal para hacer una desintoxicación digital es el fin de semana o mientras te tomas unas vacaciones. Podrás desconectarte del teléfono y de Internet sin preocuparte de las tareas relacionadas con tu trabajo. Podrás relajarte y llenar tu tiempo con actividades offline.

Dicho esto, puede que tenga un trabajo que requiera su atención los siete días de la semana. Puede que tenga que pasar una parte de los fines de semana en la oficina. La idea de tomarse unas vacaciones puede resultar irrisoria dadas sus responsabilidades.

Si ese es el caso, puede que te veas obligado a hacer tu desintoxicación en la oficina. No es el entorno ideal, pero es posible con el enfoque adecuado. Para que funcione, tendrás que comprometerte a evitar Internet.

Ahí está el problema. Mientras el ordenador de tu oficina siga conectado a Internet, te enfrentarás a la tentación de alimentar tu adicción a la tecnología. Tendrás la tentación de revisar tu correo electrónico; desearás consultar Facebook, Twitter y Pinterest; querrás visitar la CNN, YouTube y tus blogs favoritos.

Recuerda que estás luchando contra una adicción. Tu cerebro buscará formas de obligarte a recaer. La fuerza de voluntad por sí sola no será suficiente para ayudarte a resistir las tentaciones y permanecer fiel a tu desintoxicación.

Piénsalo así: no esperarías que un adicto a la cocaína resistiera la tentación de consumir mientras lleva un frasco de coca en el bolsillo, ¿verdad? Al llevar la ampolla, se está preparando para el fracaso. Lo mismo ocurre con el trabajo en un ordenador conectado a Internet mientras se realiza la desintoxicación digital.

Con esto en mente, corta la conexión. Apaga el Wi-Fi. Haz todo lo que puedas sin acceso a Internet. Cuando necesites consultar tu correo electrónico, vuelve a conectarte y hazlo rápidamente. Después, vuelve a cortar la conexión.

Si debes trabajar en la oficina, ya estás en desventaja. El acceso a Internet pondrá en tela de juicio tu capacidad para completar con éxito tu desintoxicación. Cada vez que tu cerebro te diga que visites Facebook, te pongas al día con los últimos titulares de las noticias o veas vídeos de gatos en YouTube, sabrás que estás a un clic de distancia. La tentación de flaquear será casi imposible de resistir. La mejor manera de minimizar el problema es apagar tu conexión a Internet.

PASO 5: LLEVAR UN RELOJ

Hace veinte años, si querías saber la hora, mirabas tu reloj de pulsera. O preguntabas a alguien cercano que llevara uno.

Aquellos días han desaparecido en gran medida. Hay más gente que usa el teléfono para ver la hora que para mirar el reloj. De hecho, ya son pocos los que llevan reloj. Cuando lo hacemos, son más un accesorio de moda que otra cosa.

Si eres adicto a tu teléfono, esto supone un problema. Necesitarás una forma de saber la hora durante tu desintoxicación digital, pero no puedes arriesgarte a llevar el teléfono contigo. La tentación de usarlo sería demasiado grande.

Este artículo de la revista Wired (http://www.wired.com/2015/08/ bought-dumb-watch-rescue-phone) describe el efecto. El autor escribe que la mayoría de las veces utiliza su teléfono para ver la hora.

Pero una vez que lo hace, siente la tentación de utilizarlo para otras actividades que le hacen perder el tiempo, como consultar las últimas publicaciones en Facebook. Y se sumerge en la madriguera del conejo.

· · ·

Este impulso es demasiado fuerte para el adicto a la tecnología. Por eso, te recomiendo encarecidamente que lleves un reloj durante tu desintoxicación. Así podrás saber la hora sin exponerte a los cantos de sirena de tu teléfono.

Si no tienes un reloj, cómprate uno. No es necesario que sea caro. Puedes comprar un reloj digital Casio barato en Amazon por menos de 12 dólares. No será bonito, pero cumplirá su función.

Si te preocupa que el reloj vaya a desentonar con tu ropa -después de todo, dejar de lado la tecnología no significa dejar de lado tu sentido de la moda- quítate la pulsera y mete la parte con la pantalla digital en tu bolsillo o bolso.

Lo importante es que tengas una forma de saber la hora que no requiera tu teléfono u otros dispositivos. Si vives la vida con un ojo en el reloj, este será un paso importante para completar con éxito tu desintoxicación digital.

Como he mencionado antes, también es una buena idea comprar un despertador. Si eres como la mayoría de la gente, confías en tu teléfono para despertarte del sueño por la mañana.

Como no tendrás acceso a tu teléfono -recuerda que lo has escondido de la vista o se lo has dado a un amigo para que lo guarde durante tu desintoxicación- necesitarás otra opción. Un despertador de viaje fiable cuesta menos de 15 dólares en Amazon.

PASO 6: PROGRAMAR ACTIVIDADES "OFFLINE" CON AMIGOS Y FAMILIARES

En el paso de preparación: Crea una lista de actividades que harás durante tu desintoxicación digital, hablamos de la importancia de tener cosas que hacer. Cosas para llenar tu tiempo. Si te aburres, tendrás la tentación de coger el teléfono, sacar la videoconsola o meterte en Internet. Recuerda que "las manos ociosas son el taller del diablo". Este paso es tan importante que merece la pena revisarlo en el contexto de hacer tu desintoxicación. Una cosa es elaborar una lista de actividades en las que te vas a centrar mientras estás desconectado. Y otra cosa muy distinta es poner esas actividades en tu calendario para que el tiempo de desconexión sea mínimo.

Primero, llama a tus amigos y familiares. Planifica citas para tomar café, comer o cenar. Anota las fechas y horas en tu calendario. Los estudios demuestran que es más probable que cumplamos algo si está programado. De forma natural, asignamos a la actividad una alta prioridad.

En segundo lugar, programe bloques de tiempo en los que pueda dedicarse a sus intereses.

Por ejemplo, supongamos que te gusta jugar al tenis. No basta con decirse a sí mismo que va a practicarlo más durante su desintoxicación digital. Llama a un amigo y pídele que se reúna contigo a una hora determinada. Ponlo en tu agenda. No sólo reducirás tu tiempo de inactividad, sino que tendrás algo concreto que esperar.

En tercer lugar, si ha querido visitar un lugar concreto, ya sea la playa, un nuevo museo o un elegante club de jazz, ahora es el momento de hacerlo. De nuevo, anótelo en su calendario. Recuerda que lo que se programa se hace.

Estar desconectado es difícil cuando se lucha contra una adicción al teléfono o a Internet. Necesitas una forma de mantener tu mente ocupada. Disfrutar de actividades "offline" con tus seres queridos te dará la oportunidad de divertirte en ausencia de tus gadgets.

PASO 7: ESTABLECER CONEXIONES CON DESCONOCIDOS

La mayoría de nosotros rehúye reunirse con extraños. Ya sea porque somos introvertidos, porque estamos demasiado ocupados o porque no nos apetece tener una compañía desconocida, tendemos a quedarnos solos.

Nuestros teléfonos y otros dispositivos son facilitadores en este sentido.

Nos dan algo en lo que centrar nuestra atención en situaciones en las que estamos en público, pero tratando de evitar el contacto visual con los demás. ¿Has observado alguna vez a la gente que espera las bebidas en Starbucks? La mayoría se queda cerca de la barra y juguetea con sus teléfonos en lugar de hablar con la persona que está a su lado.

Cuando estés en una desintoxicación digital, no tendrás tu teléfono para recurrir a él en situaciones sociales. Eso es algo positivo.

Te impulsará a salir de tu caparazón y a conectar con la gente cara a cara. Aprovéchalo.

Cuando estés desconectado, descubrirás que es más fácil hablar con la gente. Incluso puede que te apetezca hacerlo a pesar de no haber aprovechado nunca la oportunidad en el pasado. Las conexiones reales, incluso si se crean a través de unos pocos momentos de charla, son profundamente gratificantes para nosotros.

Prueba esto en tu próxima desintoxicación digital: entabla una conversación con un desconocido. Si estás en una cafetería, inclínate hacia la persona que se sienta a tu lado y comenta la comida del local. Si estás en la cola del supermercado, dirígete a la persona que está detrás de ti y hazle un cumplido sincero.

Si estás dando un paseo y te cruzas con alguien que no conoces, salúdale y comenta el tiempo que hace. Si está paseando un perro, haz un comentario halagador sobre él.

La mayoría de los desconocidos que conozcas compartirán algunos de sus pensamientos sobre un sinfín de temas.

Sólo es cuestión de aprovecharlas. Es una forma estupenda de dejar de pensar en el teléfono, el ordenador y otros artilugios, y disfrutar de la vida desconectada.

PASO 8: LEER UN LIBRO

Nuestros teléfonos y otros aparatos han desviado el tiempo y la atención de una de las actividades más gratificantes que podemos experimentar: la lectura de un buen libro.

A muchas personas les gusta leer, pero asumen que les falta tiempo. En realidad, dedican su tiempo disponible a consumir otros tipos de medios. Les queda poco para leer una apasionante novela romántica, un apasionante cuento de fantasía o un absorbente relato de ficción científica.

Cuando hagas tu desintoxicación digital, tendrás mucho tiempo para leer un libro (o dos). Aprovecha la oportunidad para hacerlo. Sumérgete en una historia que te haga olvidar tus aparatos. Piérdete en una narración que te cautive y te atraiga hasta su final.

Leer libros mientras estás desconectado no sólo mantiene tu mente ocupada.

También mejora la imaginación, perfecciona la capacidad de concentración y reduce el estrés. Los científicos también han descubierto que la lectura habitual mejora la memoria, la empatía e incluso el sueño. Así que hay mucho que ganar si coges un libro durante tu desintoxicación.

Ahora, algunos consejos...

En primer lugar, no utilices el teléfono o la tableta para leer libros. Tendrás la tentación de entrar en Facebook, ver vídeos de YouTube y jugar. En su lugar, utiliza tu Kindle -no un Kindle Fire, ya que están diseñados para animarte a consumir medios digitales- o compra una copia impresa.

. . .

En segundo lugar, inclínese por las novelas completas más que por los relatos cortos. Recuerda que quieres una experiencia de lectura envolvente. Quiere conocer a los personajes hasta el punto de que se preocupe por ellos. Para ello, quiere una historia que lleve a esos personajes a través de un arco satisfactorio durante el cual experimenten el fracaso, el crecimiento y el cambio. Un relato corto rara vez cumple estos puntos con tanto éxito como una buena novela.

En tercer lugar, lee ficción. Puede que te atraiga la última publicación sobre estrategias de inversión, ejercicio y dieta, o cómo funciona el cerebro. Pero esos libros no servirán durante tu desintoxicación digital. Necesitas un libro que expanda tu imaginación y potencie tu creatividad. Necesitas uno que te atraiga y ocupe tu mente con una historia poderosa.

Un libro de no ficción puede ser interesante, informativo y perspicaz, pero no llegará a la región creativa de tu cerebro.

Elige unas cuantas novelas para leer durante tu desintoxicación. Si no estás seguro de cuáles comprar, te recomiendo que consultes las listas de los libros más vendidos. Busca una sección que te interese -por ejemplo, Misterio, Suspense y Suspense- y elige algunas que te llamen la atención.

PASO 9: APRENDER UNA NUEVA HABILIDAD

Es importante preparar una lista de actividades para hacer mientras estás en tu retiro digital. Como hemos dicho antes, las actividades mantendrán tu mente ocupada, haciéndote menos susceptible a las tentaciones de usar tus gadgets. Y créeme, las tentaciones llegarán.

También recomiendo aprender una nueva habilidad. Te permitirá centrar tu atención en la búsqueda de algo que te ayudará a crecer como persona. Por supuesto, salir a comer, ir a la playa, jugar a los bolos, cuidar el jardín y disfrutar de un día de spa son buenas ideas para hacer durante una desintoxicación digital. Pero estas actividades, aunque son divertidas, relajantes y mejoran el estado de ánimo, son principalmente para la gratificación personal.

Cuando aprendes una nueva habilidad, te dedicas a algo que tiene un valor duradero. Amplía tu repertorio de habilidades. Aprenderás a hacer algo que antes estaba fuera de tu conjunto de habilidades.

Elige algo que te interese pero que hayas dejado de lado por falta de tiempo y motivación.

¿Necesita algunas ideas para hacer fluir su creatividad?

Aprende a hacerlo:
+ Tocar la guitarra
+ Hablar italiano
+ Cambia el aceite de tu coche
+ Reparar un grifo en su casa

+ Defiéndete de un asaltante
+ Cocina japonesa
+ Codificar un sitio web
+ Tomar fotografías atractivas
+ Crear gráficos y diagramas en hojas de cálculo
+ Lectura rápida
+ Analizar las acciones
+ Practicar yoga
+ Dar un discurso público
+ Aplicar los primeros auxilios
+ Realizar karate
+ Baile de swing
+ Crear un arreglo floral

Lo anterior es sólo la punta del iceberg, por supuesto.

El objetivo es encontrar una nueva habilidad que te interese y aprender a hacerla de forma competente durante tu retiro digital. Sumérgete en la actividad con la intención de dominarla.

También puedes elegir un tema en el que adquirir más conocimientos. Por ejemplo, supongamos que siempre has querido aprender sobre astronomía. ¿Por qué no leer un libro sobre ella mientras estás desconectado? O supongamos que te interesa saber más sobre la historia de Roma. Coge un libro sobre ella y tenlo cerca durante tu desintoxicación.

He aquí algunos otros temas que le servirán de trampolín para sus propias ideas e intereses:
+ Psicología
+ Derecho de daños

+ Termodinámica
+ Quemaduras controladas
+Teoría del juego
+ Antropología
+ Macroeconomía
+ Endocrinología
+ Transmisiones de automóviles
+ Comportamiento de los primates
+ Procedimientos quirúrgicos
+ Filosofía
+ Biografías de personajes famosos
+ método socrático
+ Teología
+ Autismo
+ Nutrición

De nuevo, la cuestión es elegir un tema que te interese. Luego, dedica parte de tu tiempo "desconectado" a aprender más sobre él. Programa las sesiones en tu calendario.

Descubrirá que aprender una nueva habilidad o adquirir más conocimientos sobre un tema desconocido mantendrá a raya el aburrimiento durante su desintoxicación. Además, mejorará tu capacidad de concentración.

13

Los Efectos De Una
Desintoxicación Digital En Tu
Cerebro

LO HACES POR UNA RAZÓN. ¿Por qué si no ibas a dejar de lado los aparatos que te gustan? Debe haber un beneficio, algo que hará tu vida más gratificante, esperándote al final de tu desintoxicación digital. Aquí están las buenas noticias: el tiempo que pases en tu sabático tecnológico introducirá varios beneficios, cada uno de los cuales puede tener un profundo efecto en tu vida.

En las páginas restantes de esta guía de acción, trataremos nueve de estos beneficios. Lo que sigue no pretende ser una lista exhaustiva de las ventajas que obtendrás al dejar de lado tus dispositivos. En su lugar, destacaré las que probablemente tengan un mayor impacto en tu vida diaria.

Empecemos por ver el efecto que una desintoxicación digital tendrá en tu productividad.

EFECTO Nº 1: MEJORA DE LA PRODUCTIVIDAD

• • •

El teléfono, la tableta, la videoconsola e Internet son distracciones. Tanto si estás en casa como si trabajas en la oficina, te dificultan hacer las cosas.

Piensa en un día de trabajo típico. ¿Cuántas veces ha intentado completar un proyecto o una tarea, pero se ha distraído con mensajes de texto, correos electrónicos, actualizaciones de Facebook y vídeos de YouTube? Eso sin contar las interrupciones improvisadas de su familia (si está en casa) y de sus compañeros de trabajo (si está en la oficina). Los científicos afirman que el cerebro necesita 20 minutos para recuperar el ritmo después de cada interrupción. Por eso, a menudo parece que el tiempo se escapa entre los dedos.

Una desintoxicación digital elimina las distracciones relacionadas con la tecnología que obstaculizan tu productividad. Podrás concentrarte en cualquier proyecto o tarea que tengas delante. Esto te permite alcanzar un estado de flujo, en el que tu productividad puede duplicarse, e incluso triplicarse.

Una vez que hayas completado tu desintoxicación, verás que tu productividad seguirá siendo mayor que antes de dejar de lado tus gadgets. Esto se debe a que tu desintoxicación habrá recorrido un largo camino para cortar tu dependencia de la tecnología. Es un paso importante para acabar con tu adicción y controlar tus impulsos. Estarás más dispuesto a utilizar tu teléfono y otros dispositivos para ayudarte a hacer cosas en lugar de dejar que usurpen el control de tu vida.

Si no te has tomado un sabático tecnológico, probablemente tus dispositivos te parezcan indispensables. Por ejemplo, los mensajes de texto te permiten estar en contacto con tus amigos, lo que te ayuda a mantener las relaciones que son importantes para ti. Tu Xbox o PS4 te ayudan a relajarte, lo que reduce el estrés. ¿Y cómo vas a estar en contacto con tus amigos de Internet si no te conectas a Facebook cada día?

Pero todo eso es una ilusión. Hay formas más saludables de lograr estas cosas sin alimentar tu adicción a la tecnología y permitir que tu productividad caiga en picado.

Estoy seguro de que estarás de acuerdo después de haber experimentado la paz que resulta de desconectar de tus dispositivos y de Internet.

EFECTO #2: RELACIONES MÁS FUERTES

Lo ideal sería que la tecnología mejorara las relaciones que compartimos con las personas que son importantes para nosotros. El software debería facilitar la planificación de las reuniones. Coordinar las agendas de los más ocupados debería ser un juego de niños.

En realidad, nuestros teléfonos y el acceso constante a Internet tienden a hacer lo contrario. Descuidamos a nuestros familiares y amigos, incluso cuando los tenemos delante.

En su lugar, revisamos compulsivamente nuestros teléfonos, buscando textos y correos electrónicos que nos validen e indiquen que otros están pensando en nosotros.

· · ·

Las ramificaciones son aleccionadoras. En 2012, la revista Journal of Social and Personal Relationships publicó un estudio que examinaba el impacto de los dispositivos móviles en la calidad de las conversaciones cara a cara. Los autores descubrieron que la mera presencia de un teléfono interfiere en la intimidad y la confianza que comparten dos personas.

Teniendo esto en cuenta, uno de los beneficios más gratificantes de hacer una desintoxicación digital es que disfrutarás de relaciones más fuertes. Estarás más presente con tus amigos y seres queridos, prestándoles la atención que se merecen. A cambio, te ganarás su confianza y empatía, lo que reforzará los vínculos que compartes con ellos.

Antes de la desintoxicación, es posible que hayas mirado compulsivamente tu teléfono para ver si hay nuevos mensajes o actualizaciones en las redes sociales, incluso cuando estabas comiendo con alguien. Después de hacer una pausa tecnológica prolongada, te resultará más fácil resistir la compulsión.

Es una buena compensación. En lugar de estar pegado al teléfono mientras un amigo intenta mantener una conversación significativa contigo, estarás preparado para conectar de verdad con él o ella. Le mostrarás tu interés por lo que está diciendo a través del contacto visual y la escucha activa. Ese es el camino hacia unas relaciones más fuertes y gratificantes.

EFECTO #3: REDUCCIÓN DEL ESTRÉS

El estrés está siempre presente. No hay forma de evitarlo. Pocas personas pasan un día entero sin sentir sus efectos, aunque no se den cuenta.

. . .

Las explosiones cortas de estrés pueden ser útiles. Nos ayudan a responder a los conflictos y a las presiones externas (la respuesta de "lucha o huida"). El problema es que muchas personas experimentan un estrés persistente. Desarrollan una forma crónica de ansiedad que les impide relajarse.

Las consecuencias son tan graves que en los últimos años ha surgido toda una industria para ayudar a las personas a gestionar sus niveles de estrés a largo plazo. Por desgracia, nuestra adicción a la tecnología rara vez se considera un factor que contribuye a ello.

Ya hablamos del estrés en el capítulo Los 12 principales efectos secundarios de la adicción a la tecnología. El comportamiento compulsivo estimulado por la adicción pone un estrés excesivo tanto en la mente como en el cuerpo. A lo largo de un período prolongado, esto puede provocar impactos preocupantes en la salud.

Una desintoxicación digital supone un alivio instantáneo.

Pasarás un tiempo alejado de tus aparatos, dando a tu cerebro un descanso muy necesario. En lugar de intentar seguir el ritmo de los mensajes de texto, los correos electrónicos y las actualizaciones de las redes sociales, junto con tus responsabilidades diarias relacionadas con el trabajo, puedes relajarte.

Puedes pensar con claridad y ser consciente de tu entorno.

. . .

Puede recuperar una perspectiva saludable en relación con las cosas de su vida que son importantes para usted. Reducir los niveles de estrés también supone beneficios para la salud que van más allá de su estado actual.

Los científicos afirman que reducirá su susceptibilidad a los problemas cardíacos, le protegerá de las migrañas, facilitará la digestión y reforzará su sistema inmunitario. Los médicos afirman que incluso puede mejorar su deseo sexual.

Algunos psicólogos opinan que el estrés es la causa de nuestra felicidad, o de la falta de ella. Sugieren que la verdadera satisfacción sólo puede darse si encontramos una forma de gestionar nuestros niveles de estrés de forma positiva.

De nuevo, el estrés es un hecho de la vida. Siempre será así. Pero eso no significa que debas tolerar o soportar niveles de estrés persistentemente altos. La buena noticia es que hacer una desintoxicación digital puede hacer que gran parte del estrés que sientes se evapore.

EFECTO #4: DORMIR MEJOR

Si eres como la mayoría de los adictos al teléfono, compruebas compulsivamente si hay nuevos mensajes de texto, correos electrónicos y actualizaciones de Facebook a lo largo del día. Y lo más probable es que incluso lo hagas en la cama justo antes de irte a dormir.

. . .

Esta obsesión dificulta el sueño al menos de dos maneras. En primer lugar, acabas acostándote más tarde porque estás ocupado buscando nuevos contenidos. Suponiendo que tengas que levantarte por la mañana a una hora determinada, esto limita la cantidad de descanso que recibes cada noche.

En segundo lugar, mirar fijamente el teléfono reduce el volumen de melatonina en el cuerpo. (Ya mencioné este efecto, causado por la luz azul que emite la pantalla de tu teléfono, en el capítulo Los 12 efectos secundarios de la adicción a la tecnología). La melatonina influye en tus ciclos de sueño y vigilia.

Necesitas una cantidad adecuada para disfrutar de una noche de sueño reparador.

A medida que vayas realizando una desintoxicación digital, notarás que la calidad de tu sueño mejora. Esto se debe a que habrás resuelto los dos problemas mencionados anteriormente. Estás desconectado del teléfono y, por tanto, no tendrás la tentación de quedarte despierto hasta tarde comprobando si hay nuevos mensajes. Como resultado, dormirás más.

Además, estar desconectado evita que pases horas mirando la pantalla de luz azul de tu teléfono. El nivel de melatonina en tu cuerpo ya no será suprimido, lo que significa que las horas que pases durmiendo serán más reparadoras.

No se trata sólo de dormir mejor por la noche y, por tanto, de sentirse mejor por la mañana. Dormir mejor aporta una serie de beneficios, muchos de los cuales influyen en su salud a largo plazo.

Disfrutará de una mejor memoria, más creatividad, mayor concentración y menos estrés. También se controla mejor el peso, se es menos propenso a los problemas cardíacos y se fortalece el sistema inmunitario.

Recapitulando, es probable que ser adicto al teléfono, a la tableta o a Internet tenga un impacto negativo en la cantidad y la calidad de tu sueño. Este es el caso de un gran porcentaje de adictos a la tecnología. La buena noticia es que una desintoxicación digital - tomarse un muy necesario año sabático de la tecnología- puede eliminar los obstáculos que le impiden disfrutar de un descanso nocturno completo.

EFECTO #5: MAYOR CAPACIDAD DE ATENCIÓN

Ya mencioné antes, en el capítulo Los 12 efectos secundarios de la adicción a la tecnología, que la capacidad de atención media de hoy en día es menor que la de un pez de colores.

Nuestros teléfonos, los videojuegos, las redes sociales y YouTube son en gran parte responsables.

Nos bombardean con un flujo continuo de notificaciones. Y cada vez que llega una, nos vemos obligados a comprobar su origen. ¿Acaba de publicar un amigo una actualización en Facebook? ¿Acabo de recibir un mensaje de texto de mi pareja? ¿Alguien acaba de enviarme un correo electrónico sobre algo que me interesa?

. . .

Cada notificación nos distrae. Interrumpe lo que estamos haciendo y rompe nuestra concentración. No es de extrañar que los peces de colores nos ganen en capacidad de atención.

Una de las primeras cosas que notarás después de completar tu desintoxicación digital es que eres capaz de concentrarte. Te darás cuenta de que pocas notificaciones suponen emergencias que requieren tu atención inmediata. Por lo tanto, no te sentirás tan inclinado a saltar sobre tu teléfono cada vez que éste zumbe o chirríe.

La alegría de estar desconectado es que cortas la conexión permanente que alimenta tu adicción a la tecnología. Cortas la fuente de tu hábito.

Imagina el efecto que tendrá en tu capacidad de atención y concentración. Ya no te distraerás con una cadena interminable de notificaciones que te apartan de la tarea que tienes entre manos. No te sentirás obligado a coger el teléfono cada pocos minutos "por si acaso" te has perdido un mensaje de texto, un correo electrónico o una actualización de Facebook.

Si estás en la oficina, harás más trabajo. Te resultará más fácil entrar en un estado de flujo, en el que no solo eres capaz de concentrarte, sino que también te entusiasma y te llena de energía lo que estás trabajando.

Si te relajas con tu familia, estarás más presente con ellos. Tu pareja y tus hijos notarán que prestas más atención a lo que tienen que decir. Te convertirás en un oyente más activo en lugar de estar constantemente distraído con tu teléfono.

Es fácil restar importancia a las ventajas de tener una mayor capacidad de atención. Al fin y al cabo, vivimos en una sociedad que valora mucho la capacidad de hacer varias cosas a la vez mientras nos inundan las interrupciones.

Pero los expertos en productividad saben desde hace mucho tiempo que es a través de la atención focalizada que somos capaces de obtener un verdadero control sobre nuestras vidas.

Ese control nos da claridad de objetivos. Nos ayuda a tomar buenas decisiones. Nos permite resolver los retos de forma que se adapten a nuestros valores y objetivos. Y ése es el camino para vivir una vida gratificante.

EFECTO #6: MAYOR AUTODISCIPLINA

En el centro de toda adicción, ya sea a la tecnología, a la cocaína o al sexo, está la incapacidad de resistir la compulsión de actuar. Por desgracia, cada vez que actuamos para satisfacer la compulsión, reforzamos la adicción. Ya hemos hablado de este concepto, pero es lo suficientemente importante como para repetirlo aquí.

La autodisciplina no es suficiente para vencer una adicción. El sistema de recompensa del cerebro se "reconecta" a medida que desarrolla una dependencia del objeto de la obsesión. Una vez que esto ocurre, ninguna fuerza de voluntad del mundo podrá mantener a raya la compulsión de actuar. Pero una vez que se ha vencido la adicción, una vez que se ha roto la dependencia, la autodisciplina se convierte en algo primordial durante la recuperación. Desempeña un papel fundamental en la capacidad del adicto para poner límites a lo que permite en su vida.

Estos límites no le impiden disfrutar de un estilo de vida gratificante. Hacen lo contrario. Evitan que caiga de nuevo en la trampa de la adicción. Evitan una recaída.

Una vez completada la desintoxicación digital, experimentarás un mayor nivel de autodisciplina. Sabrás instintivamente que coger el teléfono o consultar Facebook cada vez que te apetezca es incompatible con tus objetivos. Serás consciente de que la compulsión por hacerlo entra en conflicto con tus valores y, a largo plazo, obstaculizará tu vida en lugar de mejorarla.

Y lo que es más importante, tendrás el valor de resistir el impulso de alimentar tu hábito.

Tu desintoxicación te habrá demostrado que es posible resistir los cantos de sirena de la tecnología.

¿Será difícil? Sí. Sobre todo al principio, y especialmente después de la primera desintoxicación. Pero cada vez que resistas el impulso de coger el teléfono, será más fácil hacerlo.

Cada pequeña victoria sobre tu adicción, por aparentemente intrascendente que sea, te dará más confianza en que puedes controlar tus impulsos.

· · ·

Después de la segunda y tercera desintoxicación digital -es una buena idea planificar unos cuantos sabáticos tecnológicos cada año- te resultará aún más fácil. Es la prueba de una mayor auto-disciplina. Es como un músculo. Cuanto más lo ejercitas, más fuerte se hace.

EFECTO #7: MEJORA DE LA CREATIVIDAD

La creatividad es la capacidad de tener ideas originales. Se trata de tener una imaginación fértil. Los expertos afirman que la tecnología dificulta nuestra creatividad. Señalan que aunque nuestros ordenadores, teléfonos y otros aparatos nos ayudan a hacer más cosas (una afirmación dudosa en sí misma), están erosionando nuestra capacidad de innovación. Nuestra dependencia de la tecnología está disminuyendo lentamente nuestra originalidad.

Este efecto se debe, en gran parte, a nuestra exposición a las distracciones relacionadas con la tecnología. Los mensajes de texto, los correos electrónicos, las actualizaciones de las redes sociales, los videojuegos, los vídeos de YouTube y los titulares siempre cambiantes que reflejan el ciclo de noticias actual minuto a minuto exigen nuestra atención. Al hacerlo, interrumpen nuestro flujo de trabajo y destruyen nuestra concentración.

Es difícil ser creativo cuando no puedes concentrarte. Es difícil tener ideas inventivas cuando te bombardean con medios digitales cada minuto del día.

Cuando haces una desintoxicación digital, te liberas de esa situación. Desenchufado de tus aparatos y desconectado de Internet, eres libre de pensar profundamente en ideas y conceptos. Eres capaz de reflexionar sobre ellos de una manera que es imposible cuando estás constantemente distraído.

También eres libre de aburrirte. El aburrimiento ocasional es bueno. Estimula el pensamiento creativo. Un estudio publicado en el Journal of Experimental Social Psychology en 2014 demostró que los participantes aburridos obtuvieron mejores resultados que los comprometidos en una serie de pruebas de creatividad.

Una imaginación fértil aporta beneficios que van más allá de la capacidad de concebir nuevas ideas. Serás un mejor solucionador de problemas. Serás más consciente de ti mismo. Y, según los investigadores, experimentará menos estrés.

La mejora de la creatividad también te llevará a establecer relaciones más significativas, a aumentar la espontaneidad y a tener más confianza en tus valores y visión personales.

Después de su primera desintoxicación digital, no se sorprenda si experimenta un nivel de pensamiento creativo desconocido para usted. Y, además, no te sorprendas si tu nueva creatividad te lleva a una mayor sensación de realización personal. Es un efecto natural de ponerse en cuarentena frente a la avalancha de medios digitales.

EFECTO #8: MEJOR COMUNICACIÓN INTER-PERSONAL

En el capítulo "15 maneras en que tu vida mejorará después de una desintoxicación digital", señalé que tus habilidades sociales mejorarán una vez que te desenchufes de tus gadgets. Este efecto se debe en gran medida a que no te distraerás con ellos. No te sentirás inclinado a coger el teléfono en medio de una conversación sólo porque has recibido un nuevo mensaje de texto. No sentirás la compulsión de entrar inmediatamente en Internet para validar una información pequeña, pero sin importancia, en medio de una charla amistosa.

Sin esas distracciones, podrás concentrarte mejor en tu interlocutor. Estarás más atento a sus señales no verbales. Serás un mejor oyente y, por tanto, un mejor comunicador.

La mayoría de nosotros anhela la interacción personal con los demás. Nos gusta hablar con la gente, ya sean amigos o desconocidos. Para ello, las buenas habilidades interpersonales aportan numerosos beneficios, que hacen que la vida sea más gratificante.

En primer lugar, eres capaz de expresar tus pensamientos con mayor claridad. Tu intuición sobre la recepción de tu mensaje por parte de la otra persona se agudiza, dándote la oportunidad de adaptar tu mensaje a sus intereses.

En segundo lugar, disfrutas de relaciones más sólidas, tanto en casa como en la oficina. Escuchar a la gente genera confianza y empatía, los dos pilares fundamentales de cualquier relación.

En tercer lugar, te conviertes en un líder más eficaz. Ser un comunicador fuerte y claro inspira a los demás. Tu mensaje tiene mayor convicción, lo que aumenta la confianza de tu audiencia en ti.

. . .

En cuarto lugar, las buenas habilidades interpersonales te conviertes en un mejor jugador de equipo. Eres capaz de trabajar más eficazmente en grupo, ganándote la confianza y la lealtad de los demás miembros.

En quinto lugar, te convertirás en un mejor negociador. Serás más experto en hacer avanzar las discusiones con el objetivo de crear acuerdos que permitan que todas las partes se beneficien.

La adicción a la tecnología merma nuestra capacidad de comunicación y conexión con los demás. Nuestros teléfonos y otros dispositivos son un obstáculo para disfrutar de conversaciones significativas y construir relaciones sólidas.

Una vez que completes tu primera desintoxicación digital, notarás una notable mejora en tu capacidad para relacionarte con los demás. Ese cambio te llevará a los muchos beneficios que conlleva el desarrollo de sólidas habilidades interpersonales.

EFECTO #9: MEMORIA MÁS FUERTE

Cada vez son más las investigaciones que demuestran que nuestra compulsión por consultar el teléfono, navegar por Internet y conectarnos a las redes sociales está afectando a nuestra capacidad de recordar. Según los científicos, estas actividades merman nuestra capacidad de memoria a corto plazo -o de trabajo-.

En el capítulo Cómo la adicción a la tecnología impacta negativamente en tu vida, mencioné un estudio de 2011 que apareció en la revista PLoS One. En él se describían las conclusiones de unos investigadores de China que estudiaban los efectos de Internet en el cerebro. Los investigadores descubrieron que una exposición significativa causaba "cambios estructurales" en la materia gris. Señalaron que estos cambios podrían alterar las funciones de memoria del cerebro.

Los estudios también demuestran que somos menos propensos a memorizar cosas cuando creemos que podemos recuperarlas en línea. De hecho, solemos anotar detalles sólo para evitar la tarea de recordarlos. Esta práctica es la que impulsa el éxito de herramientas online como Evernote, Google Keep y Microsoft OneNote.

Un artículo publicado en la revista Wired en 2010 (http:// www.-wired.com/2010/05/ff nicholas _carr/) decía lo siguiente "Decenas de estudios de psicólogos, neurobiólogos y educadores apuntan a la misma conclusión: Cuando nos conectamos a Internet, entramos en un entorno que promueve la lectura superficial, el pensamiento apresurado y distraído y el aprendizaje superficial. Aunque Internet nos facilita el acceso a grandes cantidades de información, nos está convirtiendo en pensadores superficiales, cambiando literalmente la estructura de nuestro cerebro."

Los investigadores también señalan que la memoria a corto plazo es delicada. Es frágil. Cualquier distracción puede borrarla. Esa es una de las razones por las que la adicción a la tecnología, con sus incesantes distracciones, está dificultando nuestra capacidad de recordar cosas.

. . .

Pasar tiempo alejado del teléfono y de Internet elimina las distracciones digitales. Permite a tu cerebro retener la información en su memoria a corto plazo y pasar los detalles importantes a su memoria a largo plazo.

Una memoria mejorada introduce una serie de beneficios que hacen la vida más gratificante. Le resultará más fácil aprender nuevas habilidades, captar nuevos conceptos y resolver retos personales. También recordará mejor los acontecimientos y los detalles, lo que le convertirá en un mejor conversador. En definitiva, una buena memoria le convierte en una persona completa.

14

Después De La Desintoxicación Digital: 10 Cosas Que Hay Que Hacer Para Evitar Una Recaída

ANTES DE HABLAR de lo que debes hacer después de completar tu primera desintoxicación digital, permíteme felicitarte. Prescindir del teléfono, el portátil y otros dispositivos, aunque sólo sea durante 24 horas, no es fácil. Vivir desconectado puede hacer que parezca que te estás perdiendo una parte vital de tu experiencia diaria. Te sentirás incompleto sin acceso a Internet. Puede que te sientas desnudo sin el peso de tu teléfono en el bolsillo.

Así que considera tu desintoxicación como un triunfo. Es una gran victoria para vencer por fin tu adicción a la tecnología.

Hay que celebrarlo. Dicho esto, el trabajo no termina aquí. Controlar tus compulsiones para alimentar tu hábito es un proceso continuo. Es similar al del alcohólico que debe permanecer siempre vigilante para no recaer y sucumbir a los cantos de sirena de la botella. Debes permanecer alerta y vigilante para no caer de nuevo bajo el hechizo de la tecnología.

A continuación, destacaré las 10 cosas que deberías hacer después de completar tu primera desintoxicación digital. Muchas de ellas requieren un mantenimiento y diligencia continuos. La ventaja es que enriquecerán tu vida a través de la mejora de la productividad, el fortalecimiento de las relaciones interpersonales y la abundancia de otros beneficios de la vida que cubrimos en los capítulos anteriores.

#1 - Mantener conversaciones sin teléfono

Nadie necesita mirar su teléfono mientras mantiene una conversación. Cuando la gente lo hace, lo hace por obligación.

Carecen de control de los impulsos.

Una de las mejores cosas que puedes hacer para evitar que tu teléfono se apodere de tu vida es apartarlo durante las conversaciones. No lo pongas en la mesa cerca de ti. Apágalo y guárdalo fuera de la vista.

Concéntrate en la persona con la que estás. Dedícale toda tu atención. Te garantizo que disfrutarás de una conversación más significativa y experimentarás una mayor conexión con esa persona.

Además, podrás controlar mejor las ganas de mirar el teléfono para ver si hay mensajes nuevos.

#2 - Limpiar los marcadores del navegador

. . .

¿Sabes cuántos marcadores tienes almacenados en tu navegador favorito? Si eres como yo, has acumulado miles a lo largo de los años y utilizas menos del 1% de ellos.

La mayoría son una distracción. Desvían tu atención de lo que merece tu atención. Puede que incluso te sientas abrumado por ellas hasta el punto de ser incapaz de actuar.

Eso mata tu productividad cuando intentas investigar cosas en Internet.

La solución es purgar la mayoría de tus marcadores. Revisa cada uno e intenta recordar la última vez que lo usaste. (Yo uso el navegador Chrome. La forma más fácil de revisar tus marcadores en Chrome es abrir el Gestor de Marcadores). Si no has utilizado un marcador en los últimos 12 meses, hay pocas posibilidades de que lo vuelvas a usar. Así que deshazte de él.

Yo hago este ejercicio una vez al año, deshaciéndome de carpetas enteras de una vez. Te recomiendo que hagas lo mismo.

#3 - Despeja tu teléfono

Tu teléfono es la distracción definitiva. Con él, puedes contactar con cualquier contacto, leer cualquier página web y jugar a cualquier juego (dependiendo de la plataforma: iPhone o Android) siempre que te apetezca. Puedes ver vídeos de YouTube, leer los titulares de las noticias y entrar en Facebook, Twitter y Pinterest cuando te apetezca. No es de extrañar que tanta gente tenga dificultades para hacer las cosas.

Este es mi consejo: desordena tu teléfono. Primero, deshazte de las aplicaciones que ya no utilizas. Luego, deshazte de las que sabes que son una completa pérdida de tiempo. A continuación, pon tus fotos y vídeos en la nube y bórralos de tu teléfono. Por último, purga los archivos que ya no necesites. Eso incluye viejos podcasts y música que no has escuchado en meses.

Piensa como un minimalista. Elimina el desorden para debilitar el control de tu teléfono.

#4 - Limitar el número de pestañas abiertas del navegador a siete

Dime si esto te suena... estás leyendo un artículo en Internet y te encuentras con un enlace a otro artículo que parece interesante. Lo abres en una nueva pestaña para que esté ahí esperándote cuando termines de leer el primero.

En ese momento, se te ocurre al azar una receta que te gustaría probar para la cena de esa noche.

Abres una nueva pestaña del navegador para buscarla en Google. Con la atención interrumpida, piensas: "Debería revisar mi correo electrónico". Abres otra pestaña para hacerlo.

Después de revisar tu correo electrónico, vuelves al primer artículo, que no has terminado de leer porque estás distraído.

· · ·

Mientras lo lees, tropiezas con un concepto que no te resulta familiar. Decides investigarlo inmediatamente para no olvidarte de hacerlo más tarde. Abres Google en una nueva pestaña, y en pocos minutos has abierto otras cinco pestañas para investigar el concepto. En poco tiempo, tienes decenas de pestañas abiertas. Y sabes que nunca llegarás a todas.

Este es mi consejo: comprométete a no tener más de siete pestañas abiertas a la vez. Siete es manejable. Podrás ver de un vistazo lo que contiene cada pestaña, en lugar de ver sólo los favicons (las diminutas imágenes que aparecen en las pestañas) debido a la falta de espacio en la pantalla.

También evitarás la distracción y la sensación de agobio que supone tener montones de pestañas abiertas.

Mi récord es de 42 pestañas. No estoy presumiendo. Tener tantas pestañas abiertas destruyó mi productividad. Aprende de mi error.

#5 - Proteja su bandeja de entrada de correo electrónico

Desde el momento en que termines tu desintoxicación digital, debes considerar tu bandeja de entrada de correo electrónico como terreno sagrado. Pocas cosas distraen más que una bandeja de entrada repleta de docenas de mensajes sin leer. Tu objetivo debe ser mantener el número de estos correos al mínimo.

. . .

Mucha gente aboga por una práctica conocida como "Bandeja de entrada cero". Se trata de una estrategia de gestión del correo electrónico cuyo objetivo es eliminar todos los mensajes de tu bandeja de entrada.

Personalmente, creo que es innecesario. Incluso diría que es una pérdida de tiempo, ya que las ventajas de tener una bandeja de entrada vacía se ven superadas por el tiempo y el esfuerzo necesarios para mantenerla así.

En su lugar, recomiendo hacer lo siguiente:

- Anule la suscripción a los boletines que no haya leído en los últimos tres meses.

- Anule la suscripción a los correos electrónicos de "ofertas de compra" que no le han incitado a comprar nada en el último mes.

- Pide a tus familiares y amigos que se abstengan de enviarte mensajes innecesarios (por ejemplo, chistes, enlaces a vídeos de YouTube, etc.)

- Archiva o elimina los mensajes antiguos. Si decides archivarlos, crea carpetas y etiquetas para agilizar el proceso de recuperación en el futuro.

Estos cuatro pasos mantendrán el desorden de tu bandeja de entrada de correo electrónico al mínimo. Tu bandeja de entrada no tiene por qué estar vacía. Sólo tiene que ser manejable para que puedas evitar perder el tiempo con mensajes innecesarios (o viejos).

#6 - Renuncia a las búsquedas "drive-by" en Google

¿Recuerdas los días en que, mientras conversabas con un amigo, discrepabas sobre un dato sin importancia? En aquella época, quizá discutíais por diversión. Pero al final, si no conseguías convencer a tu amigo de que tenías razón, acordabas no estar de acuerdo. Era la única manera de resolver el asunto y quedar en buenos términos.

Hoy en día, estos desacuerdos pueden resolverse en el momento. Si alguna vez tienes una pregunta sobre algo, puedes lanzar una misión improvisada de búsqueda de datos accediendo a Google en tu teléfono. Las respuestas están literalmente al alcance de tu mano.

El problema es que cada vez que coges el teléfono para hacer una búsqueda en Google, refuerzas el hábito de hacerlo. La práctica, repetida una y otra vez, destruye lentamente el control de tus impulsos.

Pruebe esto: la próxima vez que se pregunte por una información, resista el impulso de buscarla en su teléfono. En lugar de eso, date cuenta de que, salvo que se trate de una emergencia o de un asunto relacionado con el trabajo, probablemente no necesites saber la respuesta.

· · ·

De hecho, no saber la respuesta tiene sus propias ventajas. Puede incitarte a reflexionar más profundamente sobre el tema, haciendo preguntas para obtener una mayor comprensión. Ese proceso, a su vez, mejorará tu capacidad de pensamiento crítico.

#7 - Reduzca su consumo de medios digitales

Piensa en los diferentes tipos de medios con los que te bombardean cada día. Blogs, artículos, vídeos de YouTube, actualizaciones de Facebook, tweets de Twitter, reseñas de productos, galerías de fotos, gifs animados, seminarios web, y la lista continúa. Puedes pasar literalmente cada momento de vigilia consumiendo estos medios. Y eso sin contar con la posibilidad de ver tus programas de televisión favoritos en Netflix.

Una vez que hayas completado tu primera desintoxicación digital, revisa los tipos de medios que consumes regularmente. Anota cada tipo junto con el desencadenante que te impulsa a ello.

Por ejemplo, ¿ves vídeos de YouTube siempre que estás aburrido? ¿Te conectas a Facebook para posponer las cosas? ¿Ves series de Netflix cada vez que estás estresado?

A continuación, identifica las actividades que pueden sustituir tu consumo de medios digitales como respuesta a los desencadenantes. Por ejemplo, si te sientes estresado, sal a caminar en lugar de recurrir a Netflix. Si estás aburrido, juega con tu perro en lugar de ver vídeos de YouTube (a tu perro le encantará la atención).

· · ·

El objetivo es limitar la cantidad de medios que consumes cada día. Al hacerlo, debilitarás el control que tu adicción a la tecnología ejerce sobre ti y, de paso, mejorarás el control de tus impulsos.

#8 - Purgar los "amigos" innecesarios de Facebook

¿Realmente necesitas 1.000 amigos de Facebook? ¿Son realmente amigos a los que confías los detalles más íntimos y embarazosos de tu vida? ¿O puedes vivir sin ellos?

Si eres como la mayoría de la gente, rara vez conectas con la mayoría de las personas que tienes como amigos en Facebook.

Aparecen en tu sección de noticias, pero rara vez te sientes obligado a contactar con ellos. Puede que le des un "me gusta" a una de sus fotos o que dejes un comentario sobre algo que hayan publicado en su página. Pero al final del día, tienes poco en común con ellos. No son amigos, sino conocidos. Y apenas lo son.

El problema de tener un montón de "amigos" en Facebook es que son una distracción que refuerza tu adicción a la tecnología. Acabas mirando las noticias para ver si hay nuevas publicaciones y comentarios, estimulado por el miedo a perderte algo.

Te recomiendo que recortes tu lista de amigos con una guadaña digital. Conserva sólo a los que consideres verdaderos amigos. Purgue el resto.

. . .

Facebook te lo pone fácil. En esta página (https://www.facebook.-com/ friends/organize) aparecerá una lista de los "amigos" con los que no has interactuado desde hace tiempo.

Revisa la lista y elimina su amistad. Siempre puedes darle un "like" a sus páginas y recibir las actualizaciones de esa manera.

#9 - Desactivar las notificaciones del teléfono

Las notificaciones del teléfono son una característica terrible por dos razones.

En primer lugar, son una distracción continua. En el trabajo, es imposible mantener un mínimo de fluidez e impulso cuando tu teléfono está constantemente chirriando.

No es mejor en casa o cuando sales con amigos. ¿Has intentado alguna vez mantener una conversación con alguien cuando su teléfono está sonando, pitando y encendiendo? Es una lección de paciencia.

La segunda razón por la que las notificaciones del teléfono son una característica terrible es porque desgastan tu control de los impulsos. Cada vez que tu teléfono chirría, instintivamente lo coges para saber la razón. ¿Alguien te ha enviado un mensaje de texto o un correo electrónico? ¿Una amiga acaba de actualizar su página de Facebook? ¿Se ha descargado una nueva versión de una aplicación en tu teléfono?

· · ·

Cuando respondes a todas las notificaciones, te entrenas para hacerlo en el futuro. El acto se convierte en un hábito.

Alimenta tu compulsión y refuerza tu adicción. Al final, te conviertes en el perro de Pavlov, que saliva ante el sonido de una campana.

Apaga las notificaciones de tu teléfono. No las necesitas. En caso de emergencia, es probable que recibas una llamada telefónica si no respondes inmediatamente a un mensaje de texto o a un correo electrónico.

#10 - Establecer reglas personales

La forma más segura de mantener la "sobriedad" tecnológica después de la desintoxicación digital es establecer reglas básicas sobre el uso de los dispositivos y de Internet en adelante. Establece pautas que dicten cuándo los usarás, durante cuánto tiempo y en qué situaciones. A continuación, se presentan varios ejemplos con respecto al uso no relacionado con el trabajo:

Tu teléfono: úsalo por la mañana antes del trabajo, durante la pausa para comer y de 18:00 a 20:00 horas. No lo hagas nunca en compañía de otras personas. Limita su uso a sesiones de 15 minutos.

Internet: utilízalo de 18:00 a 19:00. Si necesitas buscar algo urgente, hazlo en la pausa del almuerzo. No navegues sin rumbo; ten siempre un propósito.

. . .

YouTube - ver vídeos de 18:00 a 19:00. No ver por aburrimiento y sin propósito. Busca vídeos específicos que quieras ver.

Redes sociales: compruébalo no más de una vez al día. Hazlo en la pausa del almuerzo. Limita tu sesión a 15 minutos.

Videojuegos: juega de 21:00 a 21:30. Limítate a tres veces por semana.

Estos son sólo ejemplos. Las pautas que te fijes deben reflejar las áreas con las que más luchas. Por ejemplo, yo no juego a los videojuegos, así que no necesito establecer una pauta personal para ello. Mi punto débil es Internet. Tengo que ser proactivo a la hora de limitar su uso.

CONCLUSIÓN: El camino a seguir

De nuevo, ¡felicidades por haber completado tu primera desintoxicación digital! Has dado un paso crucial para frenar tu adicción a la tecnología. Es un paso que la mayoría de los adictos a la tecnología nunca darán. La ventaja es que disfrutarás de una serie de beneficios que mejorarán tu vida y que quedarán fuera de su alcance.

Pero una vez no es suficiente. Planea hacer una desintoxicación digital dos o tres veces al año. ¿Por qué? Porque las adicciones nunca desaparecen de verdad. Se suprimen. y se mantienen bajo control, pero siempre están ahí, esperando una oportunidad para volver a afianzarse en tu vida. Hacer una desintoxicación periódica mantendrá los impulsos a raya.

No es necesario que abandones el teléfono e Internet durante semanas. Una desintoxicación de 24 horas cada cuatro o seis meses debería ser suficiente. O hazlo más a menudo si sientes que tu autocontrol está decayendo.

Tú estás al mando. Tú eres el que toma las decisiones. Tú determinas la frecuencia con la que debes desconectar. Lo más importante es reconocer que tomar descansos periódicos de tus aparatos mejorará tu vida de muchas maneras.

Le permitirá conectar con los demás y fortalecer las relaciones que son importantes para usted. Le permitirá reconectar con los demás, fortaleciendo las relaciones que son importantes para usted. Introducirá numerosos beneficios cognitivos y fisiológicos para la salud. Y te ayudará a suprimir tu adicción a la tecnología.

En última instancia, realizar desintoxicaciones digitales periódicas sentará las bases para disfrutar de un estilo de vida más gratificante y atractivo.

www.ingramcontent.com/pod-product-compliance
Lightning Source LLC
Chambersburg PA
CBHW071127050326
40690CB00008B/1360